FENGXIAN TOUZI YU
KEJIXING XIAOWEI QIYE PIPEI
JIZHI CHUANGXIN YANJIU

王兰　邱科　著

风险投资与科技型小微企业匹配机制创新研究

中国财经出版传媒集团

经济科学出版社
Economic Science Press

图书在版编目（CIP）数据

风险投资与科技型小微企业匹配机制创新研究/王兰，邱科著 . —北京：经济科学出版社，2019. 10

ISBN 978 - 7 - 5218 - 0964 - 0

Ⅰ . ①风… Ⅱ . ①王… ②邱… Ⅲ . ①企业管理 – 风险管理 – 研究 Ⅳ . ①F272. 35

中国版本图书馆 CIP 数据核字（2019）第 210959 号

责任编辑：谭志军 李 军
责任校对：杨 海
责任印制：李 鹏

风险投资与科技型小微企业匹配机制创新研究
王 兰 邱 科 著
经济科学出版社出版、发行 新华书店经销
社址：北京市海淀区阜成路甲 28 号 邮编：100142
总编部电话：010 - 88191217 发行部电话：010 - 88191522
网址：www. esp. com. cn
电子邮箱：esp@ esp. com. cn
天猫网店：经济科学出版社旗舰店
网址：http://jjkxcbs. tmall. com
固安华明印业有限公司印装
710 × 1000 16 开 12. 5 印张 173000 字
2019 年 11 月第 1 版 2019 年 11 月第 1 次印刷
ISBN 978 - 7 - 5218 - 0964 - 0 定价：56. 00 元
（图书出现印装问题，本社负责调换。电话：010 - 88191510）
（版权所有 侵权必究 打击盗版 举报热线：010 - 88191661
QQ: 2242791300 营销中心电话：010 - 88191537
电子邮箱：dbts@ esp. com. cn）

前　言

　　风险投资（venture capital，VC）和科技型小微企业（technological small and micro enterprises，TSMEs）合作关系的建立实质上就是风险投资市场内生性双向匹配的过程。由于风险投资是一种关系型融资，企业边界人融资决策对企业发展有着极大影响，因此风险投资与企业之间的双边匹配问题可转化为风险投资家与企业家之间的双边匹配问题。与其他市场资源匹配方式不同，风险投资市场是缺乏均衡价格引导的市场，风险投资家与企业家通过分散化议价实现匹配。价格机制不再是配置资源及实现交易双方匹配的有效工具。正是这种分散化议价机制的存在，导致风险投资市场存在大量的策略行为以致资源配置效率低下。具体表现为科技型小微企业与风险投资之间出现很多矛盾，有的甚至出现严重冲突，导致企业经营失败。

　　本书研究风险投资市场中的风险投资与科技型小微企业之间的双向稳定匹配机制与模式，以及设计基于网络视角的风险投资与科技型小微企业稳定市场匹配制度，并提出相应的政策建议。本书的整个研究内容沿着"理论—机制—实证—对策"的层面展开。首先，从风险投资市场中的风险投资与创业企业之间的稳定匹配属性、稳定匹配度、稳定匹配的约束条件等内容着手，立足合作博弈理论、稳定匹配理论、价值共创理论等理论基础，研究风险投资与创业企业稳定匹配关系的确立；其次，分析风险投资与创业企业稳定匹配的机制，包括双边稳定匹配的动因、双边匹配决策的结构模型、最优融资契约模式设计；再次，从实证研究角度分析风险投资与创业企业稳定匹配的现状，包括风险投资与创业企业稳定匹配度分析、双边匹配满意度指标体系设计、稳定匹配度测量等；最后，从应用研究角度研究不同市场特性下风险投资与创业企业之间的稳定匹配类型、设计基于价值共创系统的风险投资与创业企业市场稳定匹配制度并以此为基础提出相应的政策建议。本文依据沙普利和罗斯（Shapley and Roth）关于稳定市场的双边匹配理论，探讨基于网络视角下我国风险投资与科技型小微企业稳定匹配机制与实现路径以及对技术创新的影响，通过理论分析和实证研究，运用数理模型、多元线性回归和层级回归，重点从以下四个方面进行创新研究，并得到相应的研究结论。

（1）研究设计基于网络视角下风险投资与科技型小微企业（本书简称为"VC-E"）双边匹配决策模型。根据风险投资市场中的投融资特点，研究设计基于网络视角下的风险投资与科技型小微企业双边匹配决策模型。依据网络理论和前景理论，以每个匹配主体自身多种类型的期望信息作为个人维度的参照点，以一方匹配主体综合的期望信息作为社会维度的参照点，然后将投资中介给出的匹配主体多种评价信息转化为相对于参照点的个人和社会损益值，再依据前景理论将个人和社会损益值进一步转化为刻画匹配主体满意度的综合前景值，从而构建以匹配双方前景值最大化的多目标优化模型，求解模型获取最优匹配解，最终实现双方稳定且满意的匹配。

（2）客观设计风险投资与科技型小微企业基于稳定匹配目的的相互评价指标体系。为了提高风险投资机构与科技型小微企业匹配的稳定性，构建匹配互评指标体系。由于风险投资市场的投融资信息具有复杂性和冗余性，所以互评指标的类型也各不相同，是多层次、多粒度的。为了更好地表达双方的投融资需求，本文不仅对互评指标进行合理设计，还对不同类型的指标进行有效的数据处理，进而为提高匹配的满意度和稳定性提供可靠依据。

（3）实证分析 VC-E 匹配度对技术创新绩效的影响。通过构建在 Partering 模式下匹配伙伴选择、VC-E 匹配度与技术创新绩效的理论分析框架并通过实证检验得出研究结论，即：Partnering 模式下匹配伙伴选择对 VC-E 匹配度具有较为显著的正相关作用，VC-E 匹配度对技术创新绩效有显著的正向影响。变量 VC-E 匹配度在 Partnering 模式下匹配伙伴选择对技术创新绩效的正向影响过程中起着不完全中介作用。同时，将组织网络特征视为调节变量引入 VC-E 匹配度与技术创新绩效关系的概念模型。经过实证研究发现：组织网络特性在 VC-E 匹配度与技术创新绩效之间起到调节作用，其中关系强度越强，VC-E 匹配度就越能促进技术创新绩效的提升；关系质量越强，VC-E 匹配度也越能促进技术创新绩效的提升。

本研究立足网络视角以风险投资与科技型小微企业双边匹配为研究对象，将科技型小微企业为数据采集对象，运用网络理论、交易成本理论、委托—代理理论和社会交换理论来探究风险投资与科技型小微企业稳定匹配机制与模式以及 VC-E 匹配度对技术创新绩效的影响机制。结论显示，基于双参照点的双边匹配决策方法可以缓解风险投资与科技型小微企业之间的信息不对称造成的逆向选择和道德风险，Parternering 模式下匹配伙伴选择对 VC-E 匹配度有正向影响，而 VC-E 匹配度与技术创新呈现显著正相关。组织网络特征在 VC-E 匹配度与技术创新绩效之间起着正向调节作用。本研究突破已有研究偏重讨论契约设计而造成的 VC-E 稳定匹配关系理解的局限，进一步完善了 VC-E 双边匹配关系的理论框架，促使理论界和企业家更好地理解风险投资市场的配置效率。本研究是对风险投资理论与市场匹配设计理论的深化与拓展，对 VC-E 合作关系问题有一定的参考价值和指导意义。

目　录

第1章　绪论 ……………………………………………………… 1

1.1　问题提出与研究意义 ………………………………………… 1

1.2　综合评述 …………………………………………………… 7

1.3　研究目的与内容 ……………………………………………… 8

1.4　研究方法、思路及创新点 …………………………………… 11

1.5　本章小结 …………………………………………………… 14

第2章　文献综述及理论基础 …………………………………… 16

2.1　文献综述 …………………………………………………… 16

2.2　理论基础 …………………………………………………… 22

2.3　本章小结 …………………………………………………… 30

第3章　基于互联网视角下的投融资网络系统 ………………… 31

3.1　投融资网络系统的要素 ……………………………………… 31

3.2　投融资网络系统的界定 ……………………………………… 35

3.3　投融资网络系统的属性 ……………………………………… 35

3.4　投融资网络系统形成动机分析 ……………………………… 36

3.5　投融资网络系统形成过程分析 ……………………………… 38

3.6　本章小结 …………………………………………………… 41

第 4 章　基于投融资网络系统的 VC-E 稳定匹配机制分析·················· 42

4.1　VC-E 稳定匹配的有关概念··································· 42

4.2　VC-E 稳定匹配问题描述····································· 45

4.3　VC-E 稳定匹配决策研究框架································· 48

4.4　VC-E 稳定匹配模型构建····································· 49

4.5　本章小结··· 60

第 5 章　VC-E 双边匹配评价指标体系设计······················· 61

5.1　指标设计基本原则··· 61

5.2　风险投资机构对科技型小微企业的评价指标构建········· 62

5.3　科技型小微企业对风险投资机构的评价指标构建········· 66

5.4　指标的分类处理··· 69

5.5　本章小结··· 70

第 6 章　VC-E 稳定匹配算例分析································· 71

6.1　实际案例及数据··· 71

6.2　计算过程和运算结果··· 74

6.3　本章小结··· 80

第 7 章　Partnering 模式下匹配伙伴选择、VC-E 匹配度与技术创新绩效关系研究································· 81

7.1　理论基础··· 83

7.2　研究假设··· 88

7.3　实证研究··· 98

7.4　结论与管理启示·· 116

7.5　本章小结·· 120

第8章　VC-E 匹配度、组织网络特征与技术创新绩效 ················ 121

8.1　研究假设 ··· 121

8.2　研究设计 ··· 126

8.3　数据分析与结果 ··· 129

8.4　本章小结 ··· 134

第9章　关系专用性投资与技术创新绩效：VC 治理行为的
中介作用 ··· 136

9.1　文献回顾和理论假设 ··· 137

9.2　研究方法 ··· 148

9.3　数据分析与结果 ··· 151

9.4　结果讨论与研究启示 ··· 157

9.5　本章小结 ··· 163

第10章　结论与政策建议 ·· 165

10.1　研究结论 ·· 165

10.2　政策建议 ·· 168

参考文献 ·· 173

附录 ·· 185

第1章

绪　论

1.1　问题提出与研究意义

1.1.1　问题提出

科技型小微企业（technological small and micro enterprises，TSMEs）是指从事高新技术研发和产品生产经营，独立核算的智力密集型的小型与微型企业，主要集中在新能源和新材料，电子信息、生物技术和新医药，节能环保，软件和服务外包，物联网等新兴产业。科技型小微企业兼具"科技型"与"小微型"的典型特征，其无形资产占总资产的比重较高。相对于大中型企业而言，小微企业的技术创新及产品市场的不确定性、有形资产无法支撑信贷担保、财务制度不健全等内在原因导致融资困境，但是其在科技创新领域发挥着不可替代的作用。它不仅是加快科技成果转化、实现技术创新的有效载体，也是推进经济结构战略性调整的重要力量之一。据不完全统计，美国技术创新大约90%起源于科技型小微企业，形成新产业的新技术约70%与科技型小微企业有关。在我国，大约60%以上的专利发明和80%的新产品开发是由科技型小微企业推动发明的。如中关村示范区存在约2万家高科技企业，其中小微企业占约85%，其吸纳的就业人数占全区的29%，对示范区的贡献度高达30%，获得专利数占全区的40%。由此可知，科技型小微企业的成长和发展对科技创新、成果转化、吸纳就业、化解贫富差距、推动国家的经济增长和社会发展作用显著、意义重大。尤其是在发展中国家，科技型小微企业对于推动经济发展、提高市场竞争力、消除贫困等方面所发挥着重要作用。

作为新兴产业形态和新经济形式的重要构建者与体现者，科技型小微企业鉴于自身资源约束，备受传统商业银行风险规避策略的天然排斥。其"融资难""融资贵"的问题十分突出，严重制约科技创新与企业成长，也制约国家创新体系建设。造成科技型小微企业"金融排斥"原因在于：首先，科技型小微企业自身条件不利于获得商业银行贷款支持。科技型小微企业所有权与控制权未能完全分离，监管缺失致使企业的道德风险高于大型企业，商业银行在选择信贷对象时更倾向大企业。另外科技型小微企业多为租赁经营，有效抵押资产比例较低，其抵押资产的变现率相对大型企业而言偏弱，银行为规避风险，不愿提供足够的信贷资金满足科技型小微企业的融资需求。其次，商业银行信息获取与风险评估成本较高，不利于开展信贷业务。科技型小微企业运营信息不完善，缺乏持续公开发布信息的渠道，这造成银行信息获取成本较高。另外，科技型小微企业技术和市场发展尚属初期，银行对企业的技术特点无法进行合理评估，尤其是对于尚在初创期的企业来说，由于缺乏足够的政策支撑，贷款风险极高且基本上完全由银行独立承担，出于信贷审慎原则，银行给予科技型小微企业的贷款规模极其有限且贷款成本极高。最后，银行金融服务与科技型小微企业资金需求错位。从流动性来看，商业银行吸收的存款以短期存款为主，因而不能将信贷资金长期投资在资金需求周期长的科技型小微企业上。从信贷决策程序来看，商业银行的市级分行才具备信贷决策权，下属支行信贷权限非常小。信贷项目上报后，上级行在资金投放上需立足全局进行考虑，因此信贷程序多，速度慢，信贷投放不灵活。这与科技型小微企业分布较为分散、行业情况差异大、资金需求时效强的需求特征不匹配，致使商业银行对于科技型小微企业提供的金融服务出现错位。为此，科技型小微企业为了维持技术创新，不得不选择自我融资，甚至从非正规渠道获取资金,这些不仅加大了其融资成本,而且扩大了企业经营风险,严重制约科技型小微企业的发展,限制其正常技术创新轨迹和未来的创新潜力。数据显示,我国占企业总量0.5%的大型企业拥有50%以上的信贷贷款份额,而88.1%的小型企业贷款份额不足20%,近90%的民营中小企业无法从银行获得贷款,而科技型小微企业的贷款份额更是微不足道,这些现象已经引起社会的广泛关注。政府出台多种措施,诸如灵活运用货币政策工具(降准、创新公开市场业务等)、信贷政策指导、信贷政策倾斜、财政资金支持、税收减免与优惠、政策性金融机构定向支持、多种类型金融机构(小额贷款公司、村镇银行、金融科技公司)等,在一定程度上缓解科技型小微企业的融资困难,但是运行效率并不理想。

风险投资(venture capital,VC)在我国亦被称为"创业投资",系指向创业企业进行权益投资,以期所投资创业企业发育成熟或相对成熟后主要通过股权转让获得资本增值收益的投资方式。2005年11月15号国家发展改革委员会联合科技部、商务部以及中国人民银行等十部委发布《创业投资企业暂行管理办法》(以下简称《办法》),在该《办法》中明确对上述"风险投资"的概念进行法律界定。该《办法》的出台,为风险投资提供特别的法律保护以及政策扶持措施,这不仅推动我国风险投资行业的发展,还为科技型小微企业的融资难问题提供有效的解决渠道。

风险投资作为科技型小微企业最佳的外源融资方式,有着"企业孵化器"和"经济增长发动机"的美誉,其发现价值与创造价值的功能对我国技术创新和经济长期稳定健康发展有着重要的推动作用,发展意义重大。我国风险投资发展经历"风投"到"疯投"再到"丰投"的过程,这不仅体现风险投资家投资态度变化,也表现出创业企业融资需求变化。投融资双方的选择从量转变到质,风险投资项目选择更加谨慎,创业企业融资也不仅是"融钱",双方更多的是共赢。但是,近几年我国风险投资市场上仍然出现不少问题。例如风险投资家与科技型小微企业签订"对赌协议",而"对赌协议"的公平性还没有明确定论,是"美酒"还是"毒药"也说不清,种种市场迹象表明,"对赌"成功的案例很少,而失败的比比皆是;再如,科技型小微企业为了套取资金而在商业策划书上"故弄玄虚"或者在经营过程中"粉饰"业绩,近年来众多创业项目披着区块链技术外衣圈钱的骗局屡屡发生,仅凭几页项目策划书就能融上亿资金;还有一些实力雄厚的风险投资为了窃取核心技术或商业机密而存在恶意注资的行为;等等。这些负面现象严重扰乱了我国风险投资市场的发展,其发生的主要原因就是风险投资与科技型小微企业未能实现合理有效的对接,导致优质风险资金"无路可投"、有前景的科技型小微企业"无门可融"。虽然国家曾多次发文引导和鼓励风险投资积极与科技型小微企业进行有效对接(如 2012 年发布的《国务院关于进一步支持小型微型企业健康发展的意见》和 2014 年银监会等六部委文件),并且风险投资对于科技创新推动作用在近几年有一定的显现,但是时至今日,从实践数据看,大部分风险投资支持的科技型小微企业最后都以失败而告终,约 30% ~ 50% 拥有很大潜力的企业最后不得不破产清偿,约 75% 的企业不能如期收回投资,约 95% 的企业没有到达预期收益或者盈亏平衡。由此可知,科技型小微企业与风险投资市场之间尚未形成有效的对接机制,未能充分激发出风险投资对技术创新和科技革命的核心推动作用。

风险投资和科技型小微企业(以下简称 VC-E)对接关系的建立实质上就是风险投资市场内生性双向匹配的过程。其匹配过程体现如下特点:第一,双向选择。风险投资与新创企业之间的匹配关系在实践中表现为风险投资家希望能够选择符合自己理想条件的企业进行投资以减低投资风险,进而提高投资效益。同时新创企业希望选择与自身契合度较高的风险投资家进行合作,形成稳定的合作关系。基于此,两者均会依从自身选择合作伙伴的标准进行双向选择。第二,符合双方心理预期。风险投资家与创业企业家均各自拥有追求的利益目标,也存在对合作伙伴的理想预期。

为了实现自身利益目标最大化，风险投资家与创业企业家均希望在市场中找到匹配度最高的合作伙伴。第三，多指标决策。风险投资与新创企业之间的双边匹配是一个多指标决策问题。为了做出正确的投资决策，风险投资家通常采用尽职调查行为以获取新创企业关于投资周期、技术能力、市场潜力、团队特性、管理能力等信息以评估企业获利潜力。新创企业在搜寻风险投资家时，往往会考虑风险投资家的行业声誉、专业经验、社会网络、资金规模等因素。

由于风险投资是一种关系型融资，企业边界人融资决策对企业发展有着极大影响，因此风险投资与企业之间的双边匹配问题可转化为风险投资家与企业家之间的双边匹配问题。与其他市场资源匹配方式不同，风险投资市场是缺乏均衡价格引导的市场，风险投资家与企业家通过分散化议价实现匹配。价格机制不再是配置资源及实现交易双方匹配的有效工具。正是这种分散化议价机制的存在导致风险投资市场存在大量的策略行为以致资源配置效率低下。具体表现为科技型小微企业与风险投资之间出现很多矛盾，有的甚至出现严重冲突，导致企业经营失败。尤其 2008 年全球经济危机爆发之后，媒体报道了多起风险投资与创新企业之间合作关系破裂的案例。如以软银赛富和兰馨亚洲为首的投资方与炎黄健康传媒企业创始人之间的冲突尖锐致使企业发展严重受挫。

现我国正处在产业结构调整、体制改革和转型升级的关键时期，国家对于市场功能的认识达到一个全新的高度，市场将在资源配置中发挥决定性作用，各种经济主体关系面临极大变革。风险投资与科技型小微企业如何形成稳定匹配机制和选择适当匹配模式，更加具有现实需求的迫切性，并具有重要的实践意义。本研究从风险投资市场运作效率着手，对科技型小微企业与风险投资匹配关系进行分析梳理，规范论证两者之间的稳定匹配机制，并以建立数理模型与设计其匹配模式，具有较强的理论价值和实际应用价值。

1.1.2 研究意义

科技型小微企业本身具有极高的不确定性和投融资双方的信息不对称，风险投资结果不稳定导致风险投资市场运作效率不高。对此，部分学者从信息不对称角度探讨风险投资与创业企业之间的投融资博弈行为，指出双方均存在道德风险与逆向选择等机会主义行为，可借助可转债、分期投资等金融工具进行化解，以此促进双方的合作（Gompers，1995）。但目前较少有文献研究风险投资市场投融资主体的群体交易行为。至于风险投资市场中风险投资家与创业企业家之间双边博弈行为早已形成独立的研究领域，即稳定市场的双边匹配理论（Shapley，1971；Roth，1990）。索伦森（Sorensen，2007）用双边匹配理论分析美国风险投资市场中风险投资与创业企业之间的投融资匹配问题。国内学者着重关注风险投资与创业企业间的双边匹配决策方法，但是尚未从网络视角探析我国风险投资市场的资源配置效率以及风险投资与科技型小微企业的稳定匹配机制与模式。因此，本文将立足网络，运用双边匹配理论研究风险投资与科技型小微企业间如何实现稳定匹配问题，为我国风险投资市场的稳定与发展提供相应建议，并拓展风险投资领域以及市场匹配理论的相关研究。该项目研究的理论意义与实践意义如下：

第一，理论意义。稳定匹配理论与市场设计理论经过多年的发展已经得到广泛的应用，解决许多实际问题，如婚姻稳定、学校申请、肾脏交易系统、实习匹配系统等。然而风险投资市场的委托人—代理人之间稳定匹配问题尚未引起足够的重视，尤其在中国，研究风险投资效率的基础理论仍是委托代理人理论，防范道德风险是市场提升资源配置效率的主要手段，对于运用稳定匹配理论来分析风险投资市场效率问题尚属空白。本项目的研究立足稳定匹配理论与市场设计理论对风险投资与科技型小微企业稳定匹配机制以及模式进行深入分析，明晰风险投资市场资源配置效率问题，形成系统的理论研究框架，这不仅促进风险投资市场的资源配置效率和稳定发展，还为科技型小微企业的融资难问题提供解决思路，同时为其他学者相关研究工作提供理论依据。

第二，实践意义。目前风险投资市场低效率运作源自风险投资与科技型小微企业之间缺乏稳定结果的分散化议价机制，并造成市场广度与深度明显不足。为改变中国风险投资市场以政府主导的"行政命令"分配资源的运行方式，实现市场在资源配置中起决定作用的目标，本项目对风险投资与科技型小微企业等市场参与主体行为做出具体分析，提出分散化议价机制在某些约束条件下以网络为依托的科技型小微企业融资中心或中央清算所能实现两者之间的稳定匹配，从而化解两者的机会主义行为，营造内生性金融制度以降低科技型小微企业的交易成本，缓解融资难问题，从而提升其自主创新能力。

1.2　综合评述

本书的风险投资市场稳定匹配问题分析是在传统的委托—代理理论的基础上，结合稳定匹配理论与市场设计原理和框架对风险投资家与创业家双向匹配问题展开探讨。它与前者的区别在于分析的视角从关注不对称信息引发的道德风险防范转为更多地关注风险投资家与创业家稳定匹配后的合作效应，研究匹配关系的具体形成过程和机制；它与后者的主要区别在于研究对象不同，从关注市场不同参与主体之间的匹配过程转为具有双重道德风险条件下委托人—代理人之间的双向匹配问题，以及匹配如何影响最优契约的设计以提高创新企业的存活率。

但是不得不承认，在目前关于风险投资市场中的双向匹配问题研究还存在以下的问题：过分强调创业家道德风险对稳定匹配的影响，忽视风险投资家道德风险对稳定匹配的影响；孤立地研究单一风险投资家与创业家之间的稳定匹配关系，缺乏对多个风险投资家与单个创业家之间稳定匹配以及单个风险投资家与多个创业家之间稳定匹配问题的研究；忽视风险投资作为关系型融资非常强调创业家人力资本异质性对稳定匹配影响。此外，稳定匹配模型研究都是针对国外发达国家的风险投资市场的双向匹配问题展开研究，而对我国风险投资市场稳定匹配问题的研究鲜有涉及。本书风险投资市场稳定匹配问题研究将传统的对风险投资家与创业家合作关系的委托代理理论和现流行的市场匹配理论与市场设计原理紧密相连。与以往研究不同的是本书既考虑双重道德风险背景，又考虑联合投资条件下多个风险投资家与多个企业家之间的匹配，同时将研究视角延伸到稳定匹配产生效应即最优契约设计，并提出基于网络的 VC-E 稳定匹配决策系统及相应的政策建议。

1.3　研究目的与内容

1.3.1　研究目的

本书运用合作博弈理论、市场匹配理论、委托—代理理论构建风险投资与科技型小微企业的稳定匹配模型以分析两者匹配机制，并在此基础上探讨两者之间内生性匹配机制如何影响最优契约设计以提高科技型小微企业的存活率，从而实现风险投资市场资源配置效率的提升，同时立足风险投资与科技型小微企业稳定匹配机制的理论框架，设计出基于网络的 VC-E 稳定匹配决策支持系统，并提出相应的政策建议。本书试图通过对风险投资市场的稳定匹配机制进行基础性理论探讨和实证性检验为，中国风险投资产业发展提供基础性、系统性的调研数据；为提升科技型小微企业的存活率和风险投资市场资源配置效率提供理论指导和政策咨询。另外，为政府化解科技型小微企业融资困境提供新的方法与思路，最终提升我国自主创新能力和国际核心竞争力。

1.3.2　研究内容

本书主要探讨风险投资市场中风险投资家与科技型小微企业家(VC-E)

之间稳定匹配机制与匹配模式以及设计基于网络的 VC-E 稳定匹配决策支持系统。研究内容主要包括以下几部分：

1. VC-E 稳定匹配机制分析

这部分内容主要包括两个部分。一是从理论分析的角度，根据沙普利和盖尔稳定匹配理论、合作博弈理论以及委托—代理理论，构建风险投资市场中具有人力资本异质性的科技型小微企业家与风险投资家的稳定匹配模型和双边匹配决策分析模型。其假设前提遵从市场存在双重道德风险；借鉴约瑟等（2011）的观点，风险投资家与科技型小微企业家存在正向匹配原则（PAM），即优秀的风险投资家与盈利能力强的创新企业相匹配以及市场具有层级化特征。同时结合中国风险投资市场的实际情况，对索伦森（2007）构建的稳定匹配模型进行修正的基础上分析市场内生匹配机制、优化契约设计、市场进入障碍与科技型小微企业存活率之间的互动关系。二是从实证分析的角度，依据罗斯的市场设计原理，首先提出 VC-E 稳定匹配度的定义，并以稳定匹配度为核心设计 VC-E 双边匹配的多指标信息评价体系；其次设计调查问卷收集 VC-E 稳定匹配满意度数据，通过对数据的挖掘，提炼出双边匹配的知识规则；再次是利用构建的知识规则对 VC-E 稳定匹配满意度的数据信息进行筛选，并运用统计方法处理半结构化和非结构化的信息，将信息进行合理分类之后刻画出 VC-E 稳定匹配度的矩阵；最后编制 VC-E 稳定匹配度计算程序，得出稳定匹配结果。除此之外，还运用实地调查的数据对我国 VC-E 稳定匹配的动因、匹配的功能团因素、匹配的时间变化特征等进行具体分析。

2. VC-E 稳定匹配模式选择

风险投资市场中风险投资与科技型小微企业稳定匹配结果的表现形式是签订最优契约来化解信息不对称条件下的道德风险问题，即建立最优的激励约束机制以实现市场运作效率最大化。简而言之，VC-E 之间稳定匹配与最优融资契约签订在市场均衡时会同时出现。不同的融资契约就代表着不同的稳定匹配模式。依据契约理论，契约不同根本在于契约中表现出的激励约束机制的不同，因此，本研究着重通过分析 VC-E 内生性匹配机制对融资契约签订的影响来探讨如何选择 VC-E 之间的稳定匹配模式。

风险投资市场中风险投资家与科技型小微企业的合作关系虽复杂、多元，但归纳起来主要分为单独风险投资与联合风险投资两种形式。依据委托—代理理论，单独风险投资存在单个委托人—单个代理人的稳定匹配问题，联合风险投资则存在单个委托人—多个代理人、多个代理人—单个委托人之间的稳定匹配问题。本研究将针对这些不同类型的匹配问题分别展开深入研究，并分析不同内生性匹配机制如何影响融资契约中的激励约束机制选择，以此发现风险投资与科技型小微企业稳定匹配模式选择的规律。

3. 设计基于网络的 VC-E 稳定匹配决策支持系统

运用知识规则与决策模型混合的方法设计以科技型小微企业与风险投资信息数据库、知识规则库、决策模型库交互的基于网络的 VC-E 稳定匹配决策支持系统（TMS of VC-E）。TMS 的构建过程包括四个模块。第一是系统规划。该模块主要规划 TMS 的结构与功能。其结构包括信息数据库、知识规则库、模型库、用户界面等四个部分。主要功能包括匹配满意度评价框架（如评价指标确定、指标权重确定、匹配综合评价分值）、科技型小微企业匹配信息输入、风险投资家匹配信息输入、VC-E 匹配满意度信息输入、稳定匹配结果输入等。第二是系统设计。主要对用户界面、使用权限以及安全性进行设计，以保证风险投资家与科技型小微企业之间实现安全、有效的融资契约洽谈。第三是系统开发。依据理论研究部分提出的稳定匹配规则、模型、方法与计算公式，对不同投资条件下风险投资与科技型小微企业稳定匹配满意度评价信息与优化匹配结果分析模块进行开发。第四是系统仿真。利用调研数据实施系统仿真测试，直至系统最终完成。

4. 政策建议

从本质上讲，风险投资市场作为国家金融市场的组成部分，其运行规则必须受到政府的宏观监控。在目前中国经济体制尚需完善的背景下，要提升风险投资市场运作效率，国家的政策支持尤其必要。不过依据国外经验显示，要形成正确的政策支持极其困难，政府经常颁布一些出于良好愿景但不适宜的支持政策，比如对科技型小微企业进行直接的财政补贴、低息政府股权融资等。虽可以短期解决科技型小微企业的融资缺口，但是从长期来看，不利于提升科技型小微企业的创新与竞争能力。具体到我国，一方面，政府从宏观角度出台多项利于风险投资机构发展的措施，鼓励风险投资市场的拓展；另一方面，从微观角度基于风险监管等方面的顾忌，在实际操作中又制定不少约束风险投资市场发展的不利措施。因此，针对现有风险投资市场中风险投资与科技型小微企业之间匹配不稳定以致造成市场运作效率低下的现实问题，提出分别在单个风险投资和联合风险投资条件下实现风险投资与科技型小微企业稳定匹配模式的总体思路，初步构建基于网络的 VC-E 稳定匹配决策支持系统的基本框架和运行模式，同时针对如何提升风险投资与科技型小微企业的稳定匹配提出相关政策建议。

1.4 研究方法、思路及创新点

1.4.1 研究方法

（1）在风险投资与科技型小微企业稳定匹配问题的理论研究部分，运用文献研究法、历史归纳法、规范性论证方法，通过对现有科技型小微企业融资困境与风险投资市场运作效率低下问题的回顾与梳理，分析风险投资与科技型小微企业之间的稳定匹配现象，探讨两者在匹配时间、资源、能力方面的匹配模式，提炼风险投资与科技型小微企业之间形成稳定匹配的一般规律。

（2）在风险投资与科技型小微企业稳定匹配的机制研究方面，采用归纳法和演绎法相结合的方法，对风险投资与科技型小微企业实现稳定匹配的影响因素、动力机制、风险等匹配机理进行系统分析，并立足合作博弈理论、稳定匹配理论以及委托—代理理论构建风险投资与科技型小微企业稳定匹配决策模型。

（3）在风险投资与科技型小微企业之间稳定匹配度的实证研究方面，运用文献研究法和规范论证法界定稳定匹配度的内涵并构建匹配满意度评价指标体系；采用实地问卷调查法、文献研究法获取风险投资与科技型小微企业匹配满意度的数据，并用匹配度测定模型对现有风险投资与科技型小微企业的稳定匹配度进行实际测评。

（4）在风险投资与科技型小微企业稳定匹配问题的应用研究方面，运用比较分析方法、归纳总结法、经验借鉴法，提出风险投资与科技型小微企业稳定匹配模式和初步设计出基于网络的 VC-E 稳定匹配评价系统，并以此为基础提出相关的政策建议。

1.4.2　研究思路

本书研究风险投资市场中的风险投资与科技型小微企业之间双向稳定匹配机制与模式，以及设计基于网络的风险投资与科技型小微企业稳定匹配决策支持系统，并提出相应的政策建议。本书的整个研究思路沿着"理论—机制—实证—应用"的层面展开。首先，从风险投资市场中的风险投资与科技型小微企业之间稳定匹配的概念与内涵、稳定匹配在经济学中的适用性分析、稳定匹配的实现条件等内容着手，立足合作博弈理论、稳定匹配理论、委托—代理理论等理论基础，研究风险投资与科技型小微企业稳定匹配关系的确立；其次，分析风险投资与科技型小微企业稳定匹配的机制，包括双边稳定匹配的动因、双边匹配决策的结构模型、最优契约模式设计；再次，从实证研究角度分析风险投资与科技型小微企业稳定匹配的现状，包括风险投资与科技型小微企业稳定匹配度分析、双边匹配满意度指标体系设计、稳定匹配度测量等；最后，从应用研究角度研究风险投资与科技型小微企业稳定匹配的模式、设计基于网络的风险投资与科技型小微企业稳定匹配决策支持系统并以此为基础提出相应的政策建议。具体研究思路如图1-1所示。

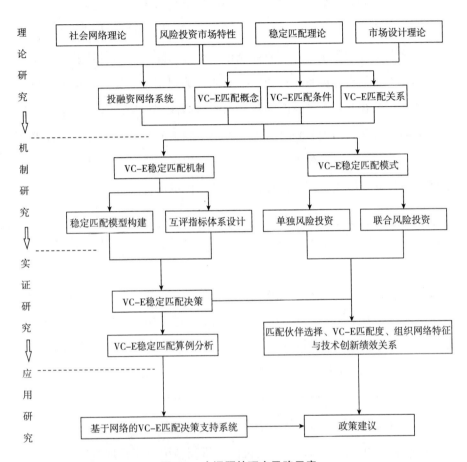

图1-1　本课题的研究思路示意

1.4.3　研究创新

第一，开发基于网络平台的风险投资与科技型小微企业稳定匹配决策支持系统。本课题将立足稳定匹配理论、合作博弈理论、委托代理理论构建符合中国风险投资市场特征的双边匹配模型，建立数据库并开发成可供实际部门运用的系统软件，达到理论与实践相互融合。基于信息网络技术的风险投资与科技型小微企业稳定匹配决策支持系统的开发可以有效地化

13

解当前两者的关系冲突问题，形成稳定匹配关系以提升两者的合作质量，尤其是针对复杂合作情境下交易属性冲突问题可以实现精准匹配，以此提高风险投资投后管理效率，加强科技型小微企业创新能力。

第二，构建风险投资与科技型小微企业匹配满意度评估指标体系。本书根据现有文献的理论分析与研究结论，设计风险投资与科技型小微企业匹配满意度评估指标体系，并依据指标体系编制调查问卷以收集风险投资与科技型小微企业匹配满意度的数据以此编制匹配程序。现有的市场稳定匹配问题的实证研究大多来自国外，国情不同下的研究结论及解释因素都不同。本书依据中国风险投资市场的现实，构建风险投资与科技型小微企业匹配满意度指标体系，实证研究中国风险投资市场如何实现稳定匹配以提高科技型小微企业的存活率。本书研究结论不仅弥补为数不多的国内研究讨论，丰富国际观察经验，更为我国政府和企业制定相关政策提供依据。

第三，立足社会交换理论揭示风险投资与科技型小微企业的稳定匹配机制。到目前为止，理论界对市场稳定匹配问题虽然有一定的研究，但是立足社会交换理论的风险投资家与企业家的双边匹配问题研究尚未太多涉及。仅有的几篇文献研究内容不够系统、深入，未形成完整的分析框架。本书立足中国风险投资市场的现实，将双重道德风险、联合投资、人力资本异质性纳入风险投资与科技型小微企业稳定匹配分析框架，并分别进行研究，拓宽了稳定匹配问题的研究范围。研究结论在完善现有理论体系的同时，为科技型小微企业在决策融资战略问题时提供有益的参考。

1.5　本章小结

科技型小微企业的成长和发展对科技创新、成果转化、吸纳就业、化解贫富差距、推动国家的经济增长和社会发展作用显著，但融资难问题一直是其成长的阻碍。风险投资作为科技型小微企业最主要的资金来源，有着"企业孵化器"和"经济增长发动机"的美誉，实现其与科技型小微企业的稳定匹配，不仅可以化解融资难问题，还可以进一步提升科技型小微企业的创新绩效。本书对风险投资市场稳定匹配问题分析基于委托—代理理论，结合稳定匹配理论与市场设计原理和框架对风险投资家与创业家双向匹配问题展开探讨，构建稳定匹配模型以分析两者的匹配机制，并研究如何选定两者的稳定匹配模式，同时立足风险投资与科技型小微企业稳定匹配机制理论框架设计出 VC-E 稳定匹配决策支持系统并提出相应的政策建议。

第2章

文献综述及理论基础

立足社会网络理论、委托代理理论与市场匹配理论等理论，本书试图通过网络视角探究风险投资与科技型小微企业之间的稳定匹配机制问题。现有国内外文献对风险投资市场匹配问题的研究主要集中在基于随机匹配理论的双向匹配分析，或基于搜寻匹配理论的双向匹配分析，或基于稳定匹配理论的双向匹配分析等三个方面。极少有文献立足社会交换理论运用稳定匹配理论和市场设计原理分析风险投资与新创企业之间双边匹配问题。另外从社会网络理论出发来研究风险投资市场匹配问题的文献极为稀缺，仅有文献基于社会网络关系及其理论出发来研究风险投资市场网络关系结构及形成、风险投资的退出绩效和效益、风险投资项目选择及评估等。虽然国外对双边匹配理论的研究已经取得较大成果并且广泛应用于多个领域，但在国内还未引起足够的重视。因此，从社会网络理论出发，以网络视角来对风险投资家与创业家间的稳定匹配问题进行研究是很有必要的。本章将从社会网络理论、委托—代理理论、稳定匹配理论与市场设计理论等理论探究风险投资家与创业企业家双边匹配问题的理论基础与文献脉络。

2.1 文献综述

2.1.1 风险投资与新创企业双边匹配问题

稳定市场理论与市场设计原理已经有近四十年的历史，而专门对风险投资市场的匹配问题进行研究却由来未久。作为委托人—代理人之间匹配的表现之一的风险投资家与创业家之间双向匹配研究，人们公认是随因德斯特和穆勒（Inderst & Muller，2004）的开创性研究的发表而开始成型的。正是因德斯特和穆勒（2004）提出的有影响力的"静态"概念——风险投资家与创业家之间合作关系对创新绩效的影响才引起人们对匹配问题的注意，即稳定匹配的契约效应问题。总体而言，国外风险投资市场匹配问题研究文献主要集中于三个方面：

1. 基于随机匹配理论的双向匹配分析

随机匹配最具公平性和合理性，因此近年来随机匹配理论受到学者越来越多的关注，已经广泛应用于婚姻匹配、学校申请、实习匹配等问题中。随机匹配包含双边随机匹配和单边匹配两种。罗斯（1993）在提出强稳定匹配理论时，已经对双边市场中的随机匹配进行了初步研究。在此基础上，卡塔和塞图拉曼（Katta and Sethuraman，2006）、费瑟斯通和尼德尔（Featherstone and Niederle，2008）、厄迪尔和埃尔金（Erdil and Ergin，2008）、伊尔马兹（Yilmaz，2010）、阿卜杜勒卡迪罗格鲁（Abdulkadiroğlu，2011）、阿塔纳索格罗和塞图拉曼（Athanassoglou and Sethuraman，2011）在对择校问题的研究过程中，都从不同方面对双边随机匹配进行了改进，为双边随机匹配的发展做出了巨大贡献。关于单边随机匹配问题，研究者们大多以房屋匹配为研究背景，阿卜杜勒卡迪罗格鲁和索梅兹（Abdulkadiroğlu and Sönmez，1998）提出了随机序列独裁（RSD 机制）和随机匹配的核两种用于解决房屋匹配问题的机制。博格莫内亚和穆林（Bogomolnaia and Moulin，2001）、奥兹古尔·伊尔马兹（Ozgur Yilmaz）、麦克伦南（Mclennan，2002）、埃勒斯等（Ehlers et al.，2002）国外学者在这两种机制的基础上，进一步对随机匹配的应用进行改善和发展。

尽管随机匹配理论已经广泛应用于多个领域，但其在风险投资市场中的应用还较少。因德斯特和穆勒（2004）应用随机匹配理论分析通知风险投资家与创新企业之间的匹配、设计契约、谈判、与搜寻模型，显示风险投资家相对稀缺会影响新创企业定价、契约与价值创造，以此建立随机匹配、搜寻和讨价还价方法。米歇拉齐和苏亚雷斯（2004）运用随机匹配理论解释异质风险投资与新创企业之间的双向匹配。研究结果显示，新创企业成长越快，IPO速度越快，风险投资家投资新企业的速度越快。由于信息的不完全对称和资源配置困难已经成为风险投资市场中风险投资家与企业家之间匹配的重要问题，因此，上述文献对风险投资市场中风险投资家与企业家间的稳定匹配的研究奠定了基础，为后续学者研究提供了借鉴。

2. 基于搜寻匹配理论的双向匹配分析

早期的搜索匹配理论更多地应用于对劳动市场中劳动者的行为过程，现多采用目标决策模型来描述其行为过程。搜寻匹配理论最早是应用于商品市场，斯蒂格勒（Stigler）最早在分析广告对价格信息传递的作用时，对搜寻成本进行了定义，并对信息搜寻在经济活动中的作用进行了阐述，建立了固定样本搜寻模型。斯蒂格勒还在此基础之上，将搜寻匹配应用于劳动市场，对搜寻成本与收益进行了进一步探讨。紧跟 Stigler 的研究步伐，麦考尔（McCall）、特雷瑟（Telser）、罗斯柴尔德（Rothschild）、利普曼（Lippman）等学者对连续搜寻模型进行了更深入的研究。20 世纪 80 年代，搜寻匹配理论主要被用于分析研究劳动力市场中的价格离散问题、市场效率问题以及协调失灵问题。戴蒙德（Diamond）针对价格离散问题提出了著名的戴蒙德悖论（Diamond paradox），证明市场中的搜寻成本会使得市场均衡价格偏向垄断价格。关于市场效率问题，戴蒙德和莫滕森（Diamond and Mortensen）通过在随机匹配条件下研究摩擦性市场效率，得出其市场均衡是低效率的，现实中不可能出现理论上的有效匹配结果。

随着搜寻匹配理论在劳动市场中的广泛应用，各个领域的学者逐渐将其应用于金融经济学、货币经济学、贸易经济学、公共财政学等领域。约塔基和赖特（Kiyotaki and Wright）通过分析搜寻匹配摩擦市场中的货币作用，构建了模型来研究市场货币均衡问题。博芬贝格（Bovenberg）运用搜寻匹配理论对劳动税收在摩擦市场中的作用进行研究。达菲和韦尔（Duffie and Weil) 采用搜寻匹配模型对金融市场交易摩擦以及其微观结构进行了研究。但是将搜寻匹配理论应用于风险投资市场研究中的文献很少。席维埃拉和赖特（2010）运用搜寻匹配理论，将双方的匹配作为外生变量。科技型小微企业与风险投资家合作关系决定于内生匹配机制，稳定匹配的结果表现为最优契约的签订。

3. 基于稳定匹配理论的双向匹配分析

盖尔和沙普利（1962）最早提出了一对一的双边稳定匹配问题的理论研究，他们通过研究证明在婚姻问题中总是存在稳定的婚姻组合使得夫妻关系的婚姻稳定。在他们的研究基础上，大量学者进行一对多和多对多的双边稳定匹配问题。索伦森（2007）立足稳定匹配理论，通过对 75 个风险投资家与 1666 个新创企业匹配的实例分析，采用马尔科夫链蒙特卡罗方法验证了双边匹配模式对风险投资家与创新企业双向整的积极影响。Dam（2007）研究风险投资家与新创企业之间的内生性匹配机制，其假设风险投资家的异质性为监管能力不同，而新创企业的异质性在于初始财富的不同。研究结论显示拥有较高监控力度的风险投资家与较低初始财富的新创企业呈稳定匹配。Jose M. Plehn – Dujowich et al.（2011）应用稳定匹配理论分析单一异质风险投资家与异质创业企业家之间的匹配机制。主要内容涉及风险投资市场的进入障碍如何影响最优融资契约制定、风险企业的存活率、风险投资市场运作效率等因素。研究结论显示稳定匹配表现为风险投资家提供一定规模资本换取企业家相应股份的最优契约设计。Edward J. Zajac（2012）以 1953 家新创企业为研究对象，探究风险投资家与新创企业之间的双向匹配度对投资绩效的影响。

国内学者运用稳定匹配理论和市场设计原理分析风险投资与新创企业之间的匹配问题鲜有涉及。目前只有少数文献运用数理模型规范论证风险投资家与创业家之间的匹配问题。如曹国华等（2009）利用 Gale & Shapley 的学院录取模型，结合中国风险投资市场的事迹情况，建立双边匹配模型，探讨风险投资家与创业家之间匹配关系，并以实例说明模型的求解及应用。陈希等（2010）基于公理设计的决策分析方法研究风险投资家与新创企业的双边匹配问题。作者首先建立风险投资家与企业家双方互评的匹配评价指标体系，然后依据各自的期望水平和实际水平，构建风险投资家与企业家双边匹配的多目标优化模型，利用隶属度函数的加权和方法将多目标优化模型转化为单目标模型以此得到匹配结果。杨敏利、党兴华（2014）通过设计测度量表对风险投资与新创企业之间的匹配关系进行系统研究，发现两者之间的利益分配、信任程度与信息共享对新创企业的经营绩效有着显著的正向影响。

另外，郑君君和张平等（2013）运用双边匹配相关理论设计了股权拍卖的双边匹配机制，研究了存在多个风险资本家和多个外部投资者的双边匹配问题。万树平和李登峰（2014）也构建了具有不同类型信息的风险投资与企业双向选择的多指标评价匹配模型，提出多指标双边匹配决策方法。本书采用 5 种类型的评价信息，选取期望水平为参照点，利用前景理论计算指标损益值，考虑决策者的心理行为特征，利用 TODIM 方法，即一种考虑决策者心理行为的多属性决策方法，由此得到投资企业和风险投资商的总体感知价值，以此建立多目标优化模型，并通过实例来证明模型的可行性。

上述研究单纯将稳定匹配理论运用到风险投资市场分析风险投资家与创业家之间的匹配，其研究方法具有一定可行性和实用性，但是忽视风险投资市场双边匹配对优化契约设计的影响；忽略风险投资市场存在双重道德风险问题的现实；未考虑委托—代理理论对风险投资市场的影响，致使其研究结论存在局限与不足。

2.1.2 风险投资的双边道德风险问题

双边道德风险问题最早由瑞德（Reid，1977）在研究佃农地契承租的分成制合约时提出。随后库珀和罗斯（Cooper & Ross，1985）在其研究中提出交易双方因信息不对称双边道德风险始终存在，并将双边道德风险界定为合作双方分别追求自己的效用最大化而采取的非合作解。随着学者们对双边道德风险问题关注度的提升，其研究范围拓展至契约设计领域，如产品担保契约（Demski and Sappington，1991）、加盟连锁店契约（Mathewson and Winter，1985）、供应链契约（Agrawal，2002）等领域。胡本（Houben，2003）研究结论显示，风险投资与创业企业之间存在明显的双边道德风险问题。他从契约工具设计视角，分析双边道德风险、激励机制与风险投资最优契约设计之间影响机制。卡萨马塔（Casamatta，2003）从控制权分配角度分析双边道德风险对风险投资契约设计工具选择的影响问题。他将投资数量作为契约设计过程中的内生变量，提出契约设计工具的选择显著影响投资数量，并证明风险投资家投入较少资本时，可获得普通股，创业家获得优先股；当风险投资家投入资金数额较大时，创业家获得优先股或可转换债券。雷普略和苏亚雷斯（Repullo & Suarez，2004）提出风险投资家与创业企业家之间存在的双重道德风险导致风险投资家选择多重投资策略，并以此建立轮次型风险投资契约模型以实现最优证券结构。上述研究都是建立在经典的委托—代理理论和框架下，或在风险投资家拥有完全讨价还价能力假设条件下，从股权控制权、激励约束条件及风险投资契约工具设计方面来分析风险投资中的双边道德风险问题。

国内学者殷林森（2008）从形成机理及相应契约安排方面对双边道德风险进行研究，在将相机控制机制与契约安排有效结合的同时，分析关于控制权形成的新道德风险的防范，并从委托代理的角度剖析联合投资和组合投资的契约机制中涉及的双边道德风险问题。郭文新和曾勇（2009）研究双边道德风险下的风险投资家与创业家之间的融资合约问题，吴斌、徐小新、何建敏等（2012）证明了风险投资中的双边道德风险问题可通过可转换债券和相机性控制权结合安排来解决。殷林森（2008）、郭文新和曾勇（2009）应用委托代理理论对具有双边道德风险的风险投资契约设计问题进行研究。郭文新和曾勇（2009）、吴斌（2012）等着重对如何设计风险投资契约以化解风险投资中的双边道德风险问题进行研究。现有文献多从信息不对称的角度来探究风险投资领域内双边道德风险对于最优风险投资契约设计的影响机制和路径，对于立足市场匹配理论来化解风险投资家与创业企业家之间双边道德风险问题的研究不够深入，也不够系统。

2.2　理论基础

2.2.1　社会网络理论

网络是由节点和连线构成的用以表示各对象间关系的图或一种从实际问题抽象出来的模型，它是促进人类社会发展的关键动力。当前，网络思想已广泛用于分析心理学、物理学、生物学、社会计量学、人类学、统计学、语言学等领域的问题。随着科技与网络的发展，现实的经济行为不断发生变化，各企业内部及企业间的关系出现网络化结构。因此，越来越多的学者开始研究社会网络结构，提出形成有效的理论方法，进而有利于从网络视角来分析研究当代社会经济活动中的各个主体间的互动。

英国人类学家拉德克利夫·布朗（Radcliffe Brown，1922）在其著作《安达马恩岛民》中首次提出了"社会网络"思想。贾巴恩斯（JA. Barnes，1954）在分析挪威渔村的阶级体系时，对社会网络进行定义，并隐喻社会网络是将各个主体联系起来的一种关系。通过对其进行隐喻、形式化和概念化，社会网络逐渐发展为具有很强应用性的用于研究社会学与管理学的方法，社会网络分析由此诞生。德国社会学家格奥尔格·齐美尔（Georg Simmel）提出，当群体中的个体受到限制约束时，此时个体与群体的关系就建立起来了，也就是所谓的社会网络关系。

针对社会网络理论的来源，各学者有不同的看法。伦敦大学管理学院资深教授马丁·齐达夫（Martin Kilduff）认为，社会网络来源的不同使得社会科学领域中关于社会网络的研究成果具有多性质、兼容的特点。他提出，社会网络主要源于德国研究者库尔特·列文、弗里茨·海德和雅各布·莫雷诺（Kurt Lewin、Fritz Heider and Jacob Moreno）对社会互动问题进行研究时，引入网络视角会提高研究效果的观点。美国心理学家莫雷诺（Moreno）和社会学家卢恩（Luin）认为物理学中的"场论"（field theory of human behavior）可以应用于分析群体以及环境的关系网络。社会网络的第二个主要来源是数学方法在社会互动研究中的广泛运用。最早从 20 世纪 50 年代开始，在卢恩的带领下，越来越多的西方学者开始用数学方法来研究社会互动问题。卡特赖特（Cartwright）、哈拉里（Harary）最早以图论的方式将数学方法应用到社会互动研究之中。后续学者也延用数学方法来研究社会互动，这促进了社会网络理论的发展，开启从网络的视角对社会结构和互动进行研究的新章程。第三来源是人类学方法在社会组织问题研究中的广泛应用。霍桑实验（Hathorne studies）中为了对美国西方电气公司的工厂人员生活进行研究，研究人员运用社会网络图（sociogram）来描绘此工厂各人员的社会互动关系结构。另外，英国曼彻斯特大学的学者进一步从网络视角对社会组织进行研究。以上学者的研究都为社会网络分析的进一步发展奠定了理论基础，有效促进了社会网络分析框架的形成及研究方法的优化。

随着社会网络在经济活动问题研究的不断深入，国内外学者的大量文献都对社会网络进行了阐释或定义。总体来说，社会网络是由节点以及点与点之间的联系组成的集合，而在社会活动中，点代表的是社会行动主体，点间联系代表的是各行动主体间的关系。社会行动主体是指社会活动中的人、企业、群体、组织、国家等任何一个社会单位或主体。而各行动主体间的关系是指例如人与人之间的合作关系、企业与企业间的信息知识和物质资本的传递关系等互动关系。

社会网络中各个节点即各行动主体的不同行为或选择是由它在社会网络中的位置、与其他节点或行动主体的位置关系以及他们之间的制约关系所决定，并受整个社会网络结构的影响。由于社会网络结构的多样性，研究者可运用多种不同的研究方法对经济问题进行分析研究。同时社会网络结构的多种特性反过来影响行为主体的经济活动，例如社会网络结构封闭性的不同，即行动者或处于内部封闭的网络结构中或处于发散的网络结构中，其在经济活动中取得的收益或效益也不同。一般来说，开放的社会网络结构比封闭型网络更能为行为主体带来更高的经济收益。有研究认为，封闭性的社会网络结构相对于开放性网络结构而言，可以带来更多的社会资本。但有学者认为，开放的社会网络结构以及较弱的社会关系也可能会为行为主体带来在整合资源方面更大的作用。

社会网络分析者认为社会是由相互交错的网络结构组成的关系系统，是一种具有依赖性的联系网络，社会行为主体按照网络联系和网络结构对资源进行有差异地占有和分配。巴里·威尔曼（Barry Wellman）指出，社会资源一般是通过关系和网络进行传递的，不同内容、不同强度的关系一般是具有相互作用的。在社会网络中，关系作为将社会行为主体直接或间接连接起来的重要工具十分重要，且关系的性质是由其所处的网络决定的，因此在社会网络中对网络关系的分析尤其重要。

对于社会网络理论在风险投资中的应用，格兰文纳（Granovener，1973）从互动频率、亲密程度、互惠交换和感情力量四个方面来度量联结的强度，从而得出弱联结与强联结，提出了弱联结优势假设，即弱联结与强联结相比，分布范围广且更能获得更多信息与其他资源，弱联结在网络中更具有价值。格兰文纳强调风险投资中投资机构间信息资源传递和行为的互动关系，研究风险投资中联结的强弱对其投资效率的影响。格兰文纳的理论之后被广泛应用于风险投资研究中，并促进风险投资的发展，为之后联合风险投资研究做出了理论贡献。乔书亚·莱纳（Joshua Lener，1994）经过实证得出，在联合风险投资中，富有经验的风险资本家更倾向于选择弱联结的联合投资合伙人。卡斯蒂利亚（Castilla E. J.，2002）实证得出，关系网络是风险投资发展过程中必不可少的环节。彼得·阿贝尔（Peter Abell，2007）经过研究发现，风险投资企业的绩效是与其企业网络结构优劣相关的，具有良好网络的投资企业会更愿意选择经过 IPO 的企业。克里斯蒂安·霍普（Christian Hopp，2009）提出，联合在风险投资中有助于风险投资家提升网络地位，联合专业知识和产业经验可为风险资本家提供管理建议。史密斯·洛克（Smith Lohrke，2008）提出，创业家在风险投资网络中的地位会影响其认知道德信任和基于情感关系的信任，马库斯（Markus，2008）通过建立跨界联合投资网络的跨组织承诺模型，提出风险资本家的信任与其在网络中的地位以及其在联合风险投资中的嵌入性和投资规模大小相关联。关于风险投资网络结构的研究，文献多关注其中心性、异质性和结构洞等方面。斯内尔曼（Snellman，2003）基于权利依赖理论研究风险投资网络的中心性，即网络中心的风险投资家的投资效益是最佳的，并且投资的企业的 IPO 时间最短。也有学者发现，在联合风险投资中，占据更好网络位置的风险投资企业拥有较高的投资绩效，其投资的项目存活率更高，且联合投资企业的网络位置的中心性决定了联合投资受网络制约的强度。以上文献充分说明，社会网络理论是研究风险投资的重要理论，目前应用社会网络理论研究风险投资问题主要以国外研究为主，中国学者对风险投资网络的研究还不够深入，且主要集中于对风险投资网络关系的形成，关于网络治理机制和网络结构特征的研究还比较缺乏。而以社会网络视角来研究风险投资家与创业家之间的稳定匹配问题尚属空白。

2.2.2　委托—代理理论

亚当·斯密（Adam Smith，1979）最早发现委托代理关系存在于股份制公司中，他在《国富论》中指出，"股份公司中的经理人使用别人的钱财而不是自己的，不可能期望他们会像私人公司合伙人那样去管理企业。因此，在这些企业的经营管理中，或多或少地疏忽大意和奢侈浪费的事总是会流行"。委托代理关系的产生，是经济发展的需要，标志着企业所有权和控制权的逐步分离。而委托代理理论最早是由美国经济学家伯利和米恩斯（Burley & Miensi，1932）提出的，他们发现，企业所有者兼具经营者的做法存在很大的弊端，提出所有权和经营权分离，企业所有者保留剩余索取权，而将经营权利让渡的解决办法。

罗斯（1973）、杰森和麦克林（Jason and McLean，1976）、普拉特和泽克豪斯（Pratt and Zekehaose，1985）先后对委托代理关系进行定义，罗斯（1973）提出，委托代理关系是在交易双方中代理人方代表委托人方行使决策权时产生的，而杰森和麦克林（1976）认为委托代理关系是一种存在于两人及以上的组织和组织活动之中的契约，即一个行为主体提供相应的报酬来雇用另一行为主体为其提供相关服务。普拉特和泽克豪斯（1985）认为采取行动的是代理人，受影响的是委托人。肯尼斯·阿罗（Kenneth Arrow，1985）把委托代理问题划分为道德风险和逆向选择两个类型，道德风险就是指代理人因信息不对称或监管放松之际最大限度地增进自身效用的同时做出的对委托人不利的行动。逆向选择是指代理人借由信息不对称而利用委托人不知道的信息来进行不利于委托人的决策。依据上述文献可知，委托—代理就是企业所有者与委托经营者按照事先确定的条件或合约，企业所有者拥有所有权，委托授权代理人对企业资产行使相应的支配、使用和决策的权利。学者们对委托代理关系的肯定体现了现代企业所有权与控制权具有分离特性。

为了减少企业管理中的委托—代理问题，避免代理人因不对称信息进行不可观察的行为来谋得自身利益最大化，需要建立相应的企业激励机制与监督机制，以使得代理人为了委托人的最大利益而努力。近年来，有关委托代理理论的模型发展迅速，开创了委托代理理论基本模型的诺贝尔经济学奖得主莫里斯（Mirrlees，1974）和霍尔姆斯特罗姆（Holmstrom，1979）认为各经济主体在市场交易中都是以自身利益为最大，他们将"委托人"和"代理人"作为一对博弈的对象，以双方利益为前提，引入"一阶条件方法"（the first-order approach）证明代理人行为是一维连续变量，提出在保证代理人利益的前提下使委托人自身目标得以实现的解决办法。

在委托—代理模型中，为获得可以使委托人期望效用最大化的契约，在给定的条件下：（1）代理人接受此契约；（2）代理人在此契约中其预期效用最大化，委托代理模型为：

$$\max V(\pi - s(x)) \cdot f(\pi,x,a)dx \qquad a\epsilon A, s(\ \cdot\ )\epsilon S$$

$$\text{s.t.} \int U(s(x)) \cdot f(\pi,x,a)dx - C(a) \geq \int U(s(x)) \cdot f(\pi,x,a)dx - C(a)$$

$$\int U(s(x)) \cdot f(\pi,x,a)dx - C(a) \geq \Delta$$

模型中，V（x）表示委托人的效用函数，U（x）表示代理人的效用函数，s（x）表示激励契约，C（x）表示代理人行动的成本或努力的负效用，a 表示努力水平，A 表示各努力水平的集合，f（x）表示受益随外界因素变化的分布密度函数。在此模型中，委托人更愿意选择最小成本的激励契约，且代理人愿意实现此契约并与委托人的利益相一致，因此得出最优契约设计模型。另外，此模型是以信息对称为前提的，而得出最优激励契约，当在信息不对称的条件下，仍可延用此标准委托代理模型，只需要在模型中加入信息不对称的特点，即可得出此最优契约。

2.2.3 稳定匹配理论与市场设计理论

随着社会经济的不断发展，资源配置问题已经成为经济学家的研究重点。传统的经济理论是以价格为中心来研究市场机制与市场制度在资源配置中的作用，证明了在满足特定的条件下竞争性市场机制能够调节各经济主体间的利益冲突，并使得社会福利最大化。但是，在各经济活动中有时候价格机制也会因为受到各种因素的影响，例如法律规则、文化习俗或伦理道德等，而不能很好地发挥市场资源配置功能。比如风险投资市场，与其他市场资源配置方式不同，它是缺乏均衡价格引导的市场，风险投资家和企业家通过分散化议价实现匹配。因此，当价格机制下不能发挥作用时，如何实现有效的资源配置就成为各经济学家研究的重点问题。

稳定匹配理论和市场设计理论是现代经济学的重大发展成果。在经济体系中，总是存在着比如医生和医院、学生和学校、职工和企业等匹配关系，匹配理论就是研究这种存在于各个市场的匹配关系。匹配理论包括双边匹配理论和单边匹配理论。双边匹配理论是博弈论的重要组成部分，双边匹配理论研究与博弈论联系密切。一直以来，博弈论始终是研究市场运行的机制与准则的主导理论基础。美国著名经济学家盖尔和沙普利（1962）在《大学录取和婚姻的稳定性》一文中阐述双边市场的匹配问题，他们运用合作博弈理论来研究匹配方法，首次提出双边匹配理论的理论部分。所谓合作博弈，就是指一些参与者以合作、同盟的方式进行博弈，不同集团之间的对抗就是博弈活动。而双边市场匹配就是指在经济市场中，两个经济主体必须互相匹配才能完成经济活动。而稳定匹配的存在性以及稳定匹配集合特征和策略问题是匹配理论研究的主要内容。

盖尔和沙普利（1962）在研究大学录取和婚姻匹配问题时，定义若交易中不存在未被利用的收益，那这次匹配是"稳定"的。所谓稳定，就是一种不受其他任何阻力影响的均衡状态，交易双方不能在偏离此状态的条件下获得额外利益。他们对特定一类分配问题进行数学探讨，提出"延迟接受"程序用以说明市场中交易对象如何按照一定的规则提出接受或拒绝约定，即延迟接受算法（deferred-acceptance algorithm），也称之为"Gale-Shapley 算法"，简称 G-S 算法。G-S 算法是稳定匹配问题的解决方案，其目的是为了找到一对一双边匹配稳定的匹配办法。为便于大家理解 G-S 算法，我们以研究生入学复试为例来阐释其匹配过程，假定学校首先向学生 A 发送复试邀请，学生 A 会比较收到的各个学校的复试邀请，并选择其中一个自己最偏爱的学校的复试邀请，并同时拒绝其他学校的复试邀请。在此 G-S 算法之中，匹配双方必须存在严格偏好，即在两个或两个以上的选择间不出现无偏现象。除此之外，由于 G-S 算法的"延迟接受"特性，学生 A 可以延迟接受他偏爱的学校的复试邀请，不需要立即接受。被拒绝的学校再向其他学生发出邀请，直到学校不再想发出新的邀请，这时学生 A 就要接受他手里的邀请。在整个过程中，每个学校会将第一个复试邀请发给他们最中意的学生，一旦受到拒绝，他们就会依据偏好给其他学生发生复试邀请，这使得学校的期望不断降低。与学校期望不同，学生的期望是单调递增的，因为学生手中始终有最满意的邀请。当学校递减的期望和学生递增的期望一致时，G-S 算法停止。

盖尔和沙普利（1962）经过实证检验发现，G-S 算法在参与主体有限的配对活动中，经过有限次反复配对之后总是可以找到稳定的匹配。G-S 算法现广泛应用于解决许多实际的双边市场匹配问题，比如婚姻稳定、学校申请、肾脏交易系统、实习匹配系统等，但应用于风险投资市场的相关研究还较少，风险投资市场中风险投资家与创业家之间的匹配问题还未得到足够重视。

罗斯和沙普利就稳定匹配和市场设计领域在理论和实践上做出了巨大贡献，他们提出了一个用于分析市场资源配置的理论框架，并在此基础上进行实证研究与再设计，所得到的研究成果获得 2012 年度诺贝尔经济学奖。罗斯以沙普利提出的 G-S 算法为理论基础，经过不断地观察、对照实验与计算机模拟，对其他市场的运作进行研究，解决了很多市场失灵问题，使许多市场绩效得到改善，同时促使被称为"市场设计"的新兴经济学分支出现。罗斯（1984）在《医学院实习生与住院医生劳动力市场演变：博弈论案例研究》中发现由约翰·斯特莱纳克和穆伦（John Stalknaker and F. J. Mullen，1952）提出的全美住院医生匹配计划（NRMP）所使用的算法与 G-S 算法类似，并经过实证研究之后论证道：全美住院医生匹配计划（NRMP）的成功在于通过 NRMP 算法求得的匹配始终是稳定的，这一特性避免了实习医生与医院在 NRMP 之外进行重新匹配。在经过数次实验研究之后，罗斯证实了稳定算法可以避免市场失灵，并提出可以运用数学方法和自然科学原理来进行市场设计。

市场设计是对稳定匹配理论的深入研究与实践，其目的是为交易市场或设计合适的准则或设立清算中心，以解决市场失灵问题。而市场设计理论则是研究趋近于现实市场条件下的资源配置问题，设计合理的市场机制来达到资源稳定匹配的效果。市场设计主要是为解决市场安全性低，市场容量不足，即在不明显影响市场价格的前提下，市场能承接的交易量较小，市场参与者无法短时间内选择出满意的商品或服务等市场失灵问题，而设计合理的市场交易机制和清算中心。稳定性与激励兼容是市场设计理论的主要特点，即设计的市场规则可以使参与者自愿进行市场交易，并且可以避免参与者用虚假的偏好来获取利益。目前，市场设计理论已广泛应用于解决各个领域的经济活动合作中的冲突问题，但运用市场设计理论来研究风险投资效率问题较少涉及。

2.3　本章小结

现有国内外文献对风险投资市场匹配问题的研究主要集中于三个方面，或基于随机匹配理论的双向匹配研究，或基于搜索匹配理论的双向匹配研究，或基于稳定匹配理论的双向匹配研究。很少有文献在考虑道德风险问题的背景下运用稳定匹配理论和市场设计原理分析风险投资与新创企业之间的匹配问题。另外，从社会网络理论出发来研究风险投资市场匹配问题的文献还很少涉及。因此，本章主要从社会网络理论、委托—代理理论、稳定匹配市场理论和市场设计原理三个方面出发对文献理论的脉络进行了梳理。

第 3 章

基于互联网视角下的投融资网络系统

随着互联网技术的愈加成熟和全球经济一体化的发展，完全独立的生产经营模式已经不复存在，投融资的网络化发展将资本、管理、技术、创新等资源连接成一个动态发展的网络系统，为风险投资获取高额回报、降低决策风险提供良好条件，为科技型小微企业的成果转化、快速发展提供更多机会。本章借助于互联网技术，基于社会网络理论、资源基础理论，构建以风险投资、科技型小微企业、投资中介三方为主体的资投融网络。后文将依据市场设计理论，以该网络为依托设计风险投资机构与科技型小微企业的稳定匹配机制。

3.1 投融资网络系统的要素

1. 风险投资

风险投资亦被称作创业投资，是指向科技型小微企业进行股权投资，以期所投资的科技型小微企业发育成熟或相对成熟后主要通过股权转让获得资本增值收益的投资方式。风险投资的投资不仅包括资金，还包括公司管理技术、专业人才、关系网络等资源，投资对象通常为集中在高科技领域的小微企业，属于以资金为主的多元化投入、高风险、高收益的投资。根据国内外有关风险投资的研究和实践经验，风险投资在该网络中主要扮演如下角色：

第一，资金供给者。科技型小微企业在成长过程中，不仅需要投入大量的经费进行技术研发工作，还需要开拓渠道将技术产业化、产品市场化，在此每一个阶段都需要大量的资金投入。由于科技型小微企业在初期规模较小、财务体系不完善、缺乏抵押品，加之盈利不稳定，导致其不受传统融资渠道的青睐，而这时风险投资便成为企业的救世主。所以，在科技型小微企业成长初期，获取风险资金便成为其与风险投资机构联盟的根本动力，而企业的价值增值也给予风险投资机构高额的回报。风险投资在该网络中作为资金的供给者，起到了至关重要的作用。

第二，公司治理完善者。如今的科技型小微企业融资时，考虑的不仅仅是钱，同时还看重除资本以外的资源。风险投资机构的投资经验、团队建设与管理经验等能够弥补小微企业在人才管理、企业战略发展、财务体系建设、市场渠道拓展、技术产业化、产品商业化等方面的不足，这些管理资源、人才资源、市场资源成为科技型小微企业内部体系完善的重要法宝。众多学者研究表明，小微企业在发展初期很看重除风险资本以外的资源，而风险投资机构也会根据企业的发展需要，充分投入自身的各种资源。所以，风险投资在投融资网络中扮演着完善公司治理的角色。

第三，企业运营监督者。风险投资的目的在于获取高额的投资回报，这要求企业的价值得到快速提升。对于科技型小微企业而言，技术创新和科技成果转化是实现盈利与提升价值的重要途径，而这两者都离不开成熟的商业运营模式，尤其是科技成果转化更需要商业头脑。因此，风险投资必须对投入资源的运作情况进行监督，并进行实时的指导。一方面，风险投资介入科技型小微企业的运营管理是为了满足发展所需，另一方面，是为了缓解双方之间信息不对称导致的道德风险问题，以保障投入资源的安全性。所以，风险投资在投融资网络中担任着企业运营监督的角色。

第四，企业发展保证者。风险投资愿意将自身的资源投入到科技型小微企业中去，说明其对企业的发展前景很看好，是企业未来发展预期的积极性保证。通常来说，风险投资的介入表明了其对企业未来发展的肯定，这向外部市场释放了积极的信号，对于企业后续资源的获取有着重要作用。众多实证研究表明，有着风险投资支持的科技型小微企业更容易实现IPO，并且有着较低的折价和较低的承销机构分散性。所以，风险投资充当着科技型小微企业的发展保证者。

2. 投资中介

该投融资网络中的投资中介与一般意义上的金融中介机构有所区别，其实质为网络匹配系统。它主要分为两个部分，一部分为人员组织，另一部分为匹配决策系统。前者由法律、会计、金融等专业人才组成，职责是对科技型小微企业和风险投资机构进行尽职、尽责调查，获取相对准确的投融资信息。后者主要为软件系统，是通过计算机将双方之间的匹配决策方法程序化而得到，职责是实现科技型小微企业与风险投资机构的匹配，输出稳定的匹配结果。首先，第一部分的组织人员将科技型小微企业与风险投资机构多元化、多粒度的投融资信息和实际调查信息输入第二部分的匹配决策系统中。然后，软件系统依据投融资信息和实际调查信息进行匹配计算，最终向第一部分反馈稳定的匹配结果。通过投资中介的实际调查和匹配算法的合理设计，可以缓解由于双方之间信息不对称而带来的逆向选择和道德风险问题。投资中介在该投融资网络系统中的功能主要体现在以下几个方面：

第一，投融资平台。风险投资机构向投资中介表明投资意愿，并提出对投资项目的各项要求即需求信息，比如企业家素质、技术水平、投资回报率等。然后，投资中介经过匹配向其提供最合适的对象，这实现了风险投资机构的投资需求。同理，科技型小微企业向投资中介表明融资意愿，并提出对风险投资的各项要求即需求信息，比如管理资本量、投资成功率、声誉排名等。然后，投资中介向其反馈最合适的风险投资机构，实现融资的需求。因此，投资中介实质上为风险投资机构与科技型小微企业的投融资平台。

第二，资源集聚平台。投资中介通过专业人员的市场调查，将众多科技型小微企业和风险投资机构聚集在一起，实现了各方资源的汇聚。从风险投资机构的风险资本、管理经验等资源到科技型小微企业的科技成果、知识产权等资源，投资中介不仅仅成为资源交易中心，还能充分发挥各种资源的优势，实现平等议价。同时，这还降低了风险投资机构与科技型小微企业的资源搜寻成本。因此，投资中介在投融资网络中作为资源的汇聚平台，降低了风险投资机构和科技型小微企业的投融资成本。

第三，信息沟通平台。通过相关研究和实际调研与访谈发现，影响风险投资机构与科技型小微企业投融资效率的最主要因素为双方之间信息的不对称。这导致资源的供给方和需求方出现合作前的逆向选择和合作后的道德风险问题，从而合作关系破裂，甚至出现双方无法对接的情况。而投资中介作为三方网络中的重要节点，连接着风险投资机构与科技型小微企业，在网络中扮演者"信息媒婆"的作用，为双方牵线搭桥。因此，投资中介通过提供稳定匹配服务，促进网络主体间的信息沟通，成为信息沟通平台。

3. 科技型小微企业

科技型小微企业是指企业员工主要为科技人员，以创新（如技术、商业模式）为基本发展动力，主要从事新技术、新产品等的研发、生产和服务为主要形式的小型和微型企业。相对于成熟的大型企业来说，科技型小微企业在应对市场变化方面有着很大优势，而且在国家推动"双创"和创新战略的背景下，其发展空间巨大，一旦成功，会在短时间内成为中大型企业。但是，众多科技型小微企业却"胎死腹中"，其主要原因为企业的内源资源不足和整合能力低导致发展的关键资源缺失。我国从 20 世纪 80 年代开始风险投资之路的探索以来，越来越多的科技型小微企业得到了风险投资的青睐。风险投资提供了企业发展的急需资源，促进了其快速发展，因此风险投资又称为经济发展的"引擎"。

在投融资网络中，科技型小微企业作为资源的需求者而存在，但是也作为价值的回报者存在。风险投资的高额回报和投资中介的盈利都来自科技型小微企业的价值升值。所以该网络资源的流动并非单向，而是双向流动，且从整体上看为循环流动。

3.2 投融资网络系统的界定

常见的网络联盟有很多种，包括产业集群、辛迪加联盟、联合研发联盟等形式，其定义为以实现共同的战略目标为目的的互惠性企业间组织机构。从复杂网络的角度而言，本投融资网络是一种独特的多层级联盟形式，三方主体存在跨行业、跨企业的情况。该网络包含风险投资机构、投资中介和科技型小微企业三个相对独立的子单元，资金流动、信息交流、知识传递在单元内部和单元之间实现。主体之间的关系包括两种，一种为具有正式契约的合作关系，另一种为非正式连接的合作关系，前者的优势在于单元之间能够进行持续且稳定的信息传输和资源传递，后者的优势在于每个单元有着丰富的信息获取、自主选择范围广、对环境变化敏感度强。就本投融资网络系统而言，由于科技发展迅速和风险投资市场变化很快，投融资机会稍纵即逝，所以其主要由非正式连接的合作关系为主导，而正是契约的合作关系在匹配完成后更容易出现。

随着三方网络系统中单元内部嵌入的节点增多，节点间的联系加强，网络单元彼此间合作关系密切，更多有价值的资源不断流入网络，通过平等议价、资源置换等渠道在网络系统中合理有效地流动，节点在主动或被动的参与网络交流中，形成一系列正式和非正式的合作关系，这对于三方主体投资前的评估和投资后的管理都有着重要的意义，能够产生 1 + 1 + 1 > 3 的协同效应。

3.3 投融资网络系统的属性

投融资网络系统的三方主体中包含众多节点，其相互交叉、连接，构成复杂的网络体系，随着节点的增减、关系强弱变化而保持动态演化。根据网络组织理论的观点，本投融资网络具有以下属性：

第一，开放性。本投融资网络并非封闭的系统，而是对愿意加入的风险投资机构与科技型小微企业持开放态度，越多的节点加入，越能吸收外部的资源。资源的异质性增大，多元化程度提升，对风险投资机构与科技型小微企业的稳定匹配更加有效，更能满足双方的投融资需求。而且，外部资源的流入强化网络内部节点的竞争，促使网络系统对现存节点进行筛选淘汰，不断提高节点质量，实现网络系统资源的有限配置。

第二，动态性。网络系统的开放性就导致了其动态性的特征，表现为不断有新的节点加入，同时淘汰的节点不断退出，在轮换中持续更新和创新。投融资网络系统中，实现稳定匹配的风险投资机构与科技型小微企业不断吸引新的机构和企业加入，促使三方网络密度增大，节点增多，资源流动速度加快。通过动态演化，投融资网络系统实现价值创造。

第三，协同性。投融资网络系统通过三方主体功能的异质性，基于网络间资源的流动，充分实现优势互补。其中投资中介正是促进风险投资机构与科技型小微企业稳定匹配的中心节点，发挥着资源议价与匹配、信息沟通的桥梁作用，整合双方主体成为利益共同体，从而实现网络系统的协同性。而协同性不仅是构建该网络系统的基础，还是发展该网络系统的动力。

3.4　投融资网络系统形成动机分析

根据网络治理理论，企业组织为了应对外部环境的变化、抓住市场机遇、提高市场反应能力而参与网络联盟。尽管网络成员开始加入时基于不同的动机，其所需资源、信息等具有差异性，但加入后通过资源的汇聚协调，势必成为利益共同体。以下通过资源、能力、网络相关理论对投融资网络的形成动机进行分析。

根据资源学说相关理论，博伊德（Boyd）的研究表明，企业外部环境不确定性增加，会致使联盟网络的强度加强，进而促使企业在资源获取方面占据优势。波兰尼（Polanyi）认为，加入联盟后，相对于市场交易，企业能够以较低的成本获取技术与资源，从而增强企业实力。哈梅尔和多兹（Hamel and Doz）研究显示联盟形式的出现，使小企业可以通过资源杠杆的方式与大型企业竞争，且可以弥补企业发展资源的不足，提升企业发展能力。可以看出，无论是资源基础理论还是资源依赖理论，都强调通过联盟获取企业发展的稀缺性资源是其参与联盟的主要动机。冈珀斯和勒纳（Gompers and Lerner）对企业过去的网络行为研究发现，以往的网络经验可以增强企业对市场发展趋势的判断能力，提升企业对市场机遇的及时反馈能力，所以增强企业能力也成为参与联盟网络的另一个动机。

对于投融资网络系统，科技型小微企业通过与风险投资机构的资源置换，可以增强企业内部资源的整合能力，获取企业发展所需的外部资源；而风险投资机构通过企业的价值增值，可获取高额的资金、声誉等资源回报，进而实现机构的壮大；投资中介通过提供投融资服务，实现双方的稳定匹配，可扩大自身的社会资本存量，进而吸引更多的科技型小微企业和风险投资机构入驻。这从资源角度解释了投融资网络形成的动机之一。

企业参与联盟网络不仅仅是为了获取资源，还为了追求企业的财务绩效指标，因为这是企业市场价值表现最为直观的指标。根据交易费用理论，企业产生的根本原因在于企业组织能够通过市场交易内部化来有效降低成本。但是，随着规模的扩大，企业内部管理费用上升，需要消耗大量的精力与成本，规模越大，越增加管理的不确定性，企业失败的风险越高，总体呈现规模报酬递减的趋势。这时，通过参与联盟网络可以使企业获取低于市场交易成本的资源，甚至是外部市场无法获取的稀缺资源，进而实现财务绩效目标。

风险投资机构通过投融资网络实现与科技型小微企业的稳定匹配，从而降低获取优质股权资源的成本，提升了企业价值；投资中介撮合双方的稳定匹配，缓解市场摩擦实现了利益最大化；科技型小微企业通过投融资网络系统获取了优质资源，强化了企业的市场价值表现。由此，降低企业交易成本是形成该投融资网络的动机之一。

以上两点分析都是基于微观企业角度，而网络相关理论从宏观上解释了网络联盟形成的动机。相关文献研究表明，科技型小微企业成功与否跟企业家的社会网络结构有着密切关系，而网络组织理论通过引入企业组织的社会网络系统，开始从企业层面来研究这个问题。威廉森（Williamson）从市场环境不确定性大小、交易频率和资产专用性程度高低三个方面来解释企业出现的原因。当三个变量处于较高水平时，企业制度结构可使得收益大于成本；当三个变量处于较低水平时，企业扩大规模取得的收益难以抵消成本，则市场制度结构较为合适；而网络制度结构介于两者之间，属于较为灵活的制度结构。帕克赫（Parkhe）研究发现，企业参与联盟网络后成功与否，跟企业在联盟中的结构地位息息相关。因此，优化和完善企业的社会网络结构也是企业参与联盟网络的重要动机之一。

风险投资机构、科技型小微企业和投资中介构建的三方联盟网络系统，可以优化三者的社会网络结构，进而提升在行业中的优势地位。

3.5　投融资网络系统形成过程分析

格兰诺维特（Granovetter）在 1987 年提出了"嵌入性"理论，该理论将嵌入分为关系型嵌入和结构性嵌入两类，局部范围内社会行动者的约束主要来源于所嵌入的社会网络，而在更大范围内的影响来源于所嵌入的社会环境结构，这在宏观层面明确了社会行动者的社会网络嵌入过程。随着社会资本研究的发展，社会网络被引入其中，林南在其社会资本理论模型中提出了社会资本获取的三个阶段，首先是社会网络中投资，其次是社会资本的摄取和动员，最后是社会资本的回报。本书所构建的投融资网络系统的形成过程实质上就是风险投资机构、科技型小微企业和投资中介嵌入社会网络的过程，通过该网络关系获取核心的、稀缺的、关键的互补性资源来实现企业的发展。

无论是嵌入理论还是社会资本理论，强调的都是嵌入主体获取资源的过程，缺乏反向回馈的路径。事实上在网络系统主体合作的过程中，社会资本的回报即合作绩效会对社会网络形成回馈作用机制，从而促进社会网络维持、调整、扩大、聚集等阶段的演化发展，最终形成对外部经济环境和企业自身发展相适应的特定社会网络形态。这就是网络主体对网络本身的反馈作用机制。

根据本书投融资网络系统的形成过程，可以借鉴薛澜、陶海青所提出的"撒网"模型进行分析。该模型是通过对产业集群演化动力的系统研究得出，而王健对其进行了发展，认为"撒网"模型只强调了外部环境对网络系统的作用规律，忽视了网络系统与主体之间的互动关系。因此，他将"撒网"过程分为了两个层次，即"撒"和"网"。前者指企业家社会网络结构特征和演化规律；后者指企业家基于社会网络的行为特征。所以，本文基于上述的"撒网"模型，根据研究的具体内容对其进行了拓展，将投融资网络系统的形成过程分为定位、撒网、收网三个阶段。

（1）定位阶段。社会网络系统都是建立在一定的政治、文化和经济环境中，外部环境的复杂性、动态性以及威胁、机遇等决定了社会资源的多样性、社会活动的活跃性和社会网络的复杂性。这些构成了企业组织之外的社会网络面貌，进而提供了一个平台供企业嵌入。企业组织根据自己的定位嵌入社会网络系统的过程就是"撒网"前的定位阶段。风险投资机构、科技型小微企业、投资中介依据自身需求，嵌入投融资网络系统中，试图寻找合适的交易对象，以便在"撒网"以后获得更多的发展资源。

（2）撒网阶段。撒网阶段为网络建立的过程，风险投资机构、科技型小微企业、投资中介根据自身发展目标需求彼此进行关联、建立网络系统。该阶段包括两个过程。在撒网早期，网络关系处在广泛的空间内，各个节点间的关系集合是松散的、广泛的，资源流通主要为信息的沟通，关系强度较弱。这时网络主体处于不断依托网络系统发布和搜寻信息、筛选机会，以确定合作对象的初级阶段。在撒网中后期，风险投资机构、科技型小微企业、投资中介之间的强关系占主导地位，与前期的弱关系截然不同，该过程通过资源的快速流动，可以促进与维持风险投资机构与科技型小微企业之间的信任，进而减少冲突和增强信息有效性，降低道德风险。随着三方主体关系的不断加强，网络节点的信任度更高，联系更加密切，就实现了网络系统的建立。

（3）收网阶段。收网阶段主要为投融资网络系统的维护和收获。该过程中投资中介在信息流通、持续监控等方面占据主要位置，通过投融资活动，彼此之间的关系不断加强，呈现紧密、强联系特征，并且网络绩效反馈机制对形成网络过程进行评价，不断调整未来网络主体行为和策略，逐渐形成适合企业自身需求发展的特有网络形态。同时，投融资网络成长过程中，还会形成网络主体间的协作效应，获取网络资源的同时也在优化网络结构。

通过上述分析，本书构建如图3-1所示的投融资网络系统。

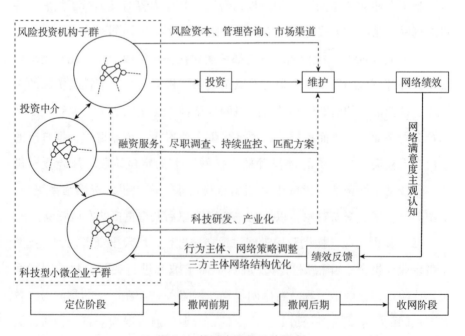

图3-1　投融资网络系统概念

3.6　本章小结

本章基于社会网络理论、资源相关理论，构建了风险投资、科技型小微企业、投资中介三方为主体的投融资网络。其中风险投资在网络中扮演着资金供给者、公司治理完善者、企业运营监督者、企业发展保证者的角色；投资中介发挥着投融资平台、资源集聚平台、信息沟通平台的作用；科技型小微企业不仅是资源的需求方还是价值的供给者。它们共同形成一种独特的多层级联盟形式，以达到 1 + 1 + 1 > 3 的协同效应。本投融资网络具有开放性、动态性、协同性的属性特征，参与主体为了获取发展的稀缺性资源、巩固自身能力、完成财务绩效目标以及完善企业的社会网络结构，通过定位阶段、撒网阶段和收网阶段构成了投融资网络系统。

第 4 章

基于投融资网络系统的 VC-E 稳定匹配机制分析

随着互联网技术的飞速发展，经济主体之间的沟通更加迅速和有效。利用互联网信息交换具有互动、实时、高效以及低成本等的特性，投融资网络系统把资金的需求方和供给方以及中介机构等各个部门紧密联系在一起，使之成为一个完整的投融资网络体系。在该投融资网络系统中，如何实现科技型小微企业与风险投资机构的稳定匹配，不仅是网络系统发展的基石，也是维持网络系统良性运转的核心动力。投资中介接受来自科技型小微企业子群和风险投资机构子群的投融资信息流，然后对其进行研究分析，给出合理有效的稳定匹配方案，并实时反馈匹配信息，从而不断修正和完善稳定匹配方案。投资中介是一个连接的纽带，实时汇集和传输来自各个主体的信息，减少了主体之间信息不对称情况的发生，同时也实现了各投融资要素之间的相互渗透和相互制约。这不仅可以有效降低搜寻成本，还可以减少事前逆向选择和事后道德风险发生的概率。因此，本研究依托投融资网络系统，引入双边匹配理论，以投资中介的视角构建风险投资机构与科技型小微企业的稳定匹配方案。

4.1 VC-E 稳定匹配的有关概念

匹配理论起源于盖尔和沙普利在 1962 年提出的大学录取和婚姻匹配

问题，而罗斯于 1985 年最早明确提出"双边"和"双边匹配"的概念，并将其应用于市场设计中，他们共同为双边匹配理论的发展奠立了基础。由于沙普利提出的 G-S 算法总能够获取稳定匹配结果，使匹配从个人的理性选择走向了群体的稳定匹配，而罗斯在前者的基础上将匹配理论应用于市场机制的设计当中，重新设计了很多现有的市场匹配机制，使其运行更有效率。由此，沙普利和罗斯于 2012 年荣获了诺贝尔经济学奖。

双边匹配理论中的"双边"指匹配主体必须且只能分别属于两个互不相交的集合，而"匹配"指参与双方的配对行为。所以"双边匹配"指的是互不相交的两个集合之间元素的配对行为。根据不同的匹配类型可分为，一对一匹配，一对多匹配和多对多匹配。这里以风险投资机构和科技型小微企业之间的一对多匹配为例进行说明。因为风险投资机构和科技型小微企业分别属于两个不相交的集合，风险投资机构属于资金的供给方，科技型小微企业属于资金的需求方，并无交集。就单轮的融资而言，一家风险投资机构可以同时选择几家科技型小微企业进行投资，而一家科技型小微企业每次只能选择一家风险投资机构进行融资。由此可见，风险投资机构和科技型小微企业之间属于双边匹配中的一对多双边匹配类型。但是在投融资网络系统中，科技型小微企业与风险投资机构之间的双边匹配是动态进行的，单轮融资仅仅是一个环节，完整的融资链条由众多单轮融资环节组成。

现将双边匹配理论引入投融资网络系统中，实现风险投资机构与科技型小微企业的稳定匹配。在该系统中有三个主体，风险投资机构为一个主体，里面包含的每一家风险投资机构为一个节点；科技型小微企业为一个主体，里面包含的每一家科技型小微企业为一个节点；投资中介为另一个主体。根据双边匹配理论，在投资中介的撮合下将风险投资机构中的节点与科技型小微企业主体中的节点形成连接关系，实现稳定匹配（如图4-1所示）。

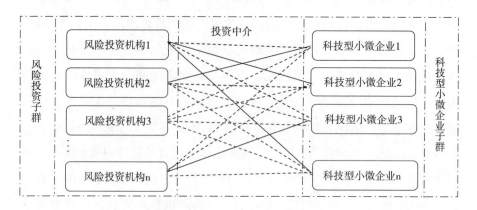

图 4-1 基于投融资网络系统的风险投资机构与科技型小微企业双边匹配

匹配主体双方如何才能在众多的选择中找到自己满意且对方愿意的对象，进而实现稳定匹配。1962 年盖尔和沙普利所提出的著名 G-S 算法，解决了这个问题。该文献对大学录取新生问题和婚姻市场男女双方之间的选择进行了匹配实验，验证了 G-S 算法的可靠性，得到了稳定的匹配结果。这里以学校录取新生（一组学生和一组学校进行匹配）为例说明 G-S 算法的基本步骤：首先，学生对一组学校进行排序，对排在最前面的一所学校发出申请。当学校接收到申请后对申请的学生进行排序（假设每个学校可以接收 n 个学生），前 n 名学生进入学校的候选名单（暂时保留位置），超出 n 名后发出拒绝，若申请的学生未达到 n 名，则全部进入候选名单。然后收到拒绝的学生继续对排在第二位的学校发出申请，学校收到申请后对新申请学生和前一轮进入候选名单的学生进行排序，前 n 名学生进入新一轮的候选名单，学校对超出 n 名的学生发出拒绝。收到拒绝的学生继续对排在第三位的学校发出申请，按照此过程一轮轮进行下去，直到学生要么在学校的候选名单中，要么被全部的学校拒绝，算法终止。通过 G-S 算法可以使学校和学生都获得稳定的匹配结果。

但本研究并未采取经典的 G-S 算法，而采取运筹学中的优化问题求解，即建立以双方综合前景值最大化为目标的多目标优化模型。原因如下：首先，G-S算法中需要双方拥有完全的信息，进而才能对对方进行排序，而风险投资市场中信息不对称是常见问题，加之风险投资市场中匹配主体偏好信息异质化、多元化，所以很难对其进行排序。其次，G-S算法存在单方占优的问题，即率先发起方拥有匹配优势。在学校录取新生问题中，学生优先发起申请是具有一定优势的，所以在匹配过程中双方并未处于平等位置，而多目标的优化模型可以防止单方占优的情况发生。最后，由于风险投资机构和创业企业的匹配过程实质上是不确定条件下的风险决策过程，匹配主体完全理性并不适用，需要考虑匹配双方的心理行为，所以引入前景理论以前景值（满意度）最大化为目标进行优化比较合理。

4.2　VC-E 稳定匹配问题描述

为了便于科学构建稳定的双边匹配方案，故将投融资系统中的风险投资机构子群和科技型小微企业子群以及评价指标等元素进行符号化处理。设风险投资机构子群集合为 $X = \{x_1, x_2, x_3, \cdots, x_n\}$，其中 $x_i(i = 1, 2, 3\cdots, n)$ 为第 i 个风险投资机构；科技型小微企业子群集合为 $Y = \{y_1, y_2, y_3, \cdots, y_m\}$，其中 $y_j(j = 1, 2, 3, \cdots, m)$ 为第 j 个科技型小微企业。

风险投资机构依据对科技型小微企业的评价指标体系，对其中的每一个指标提出要求，形成对科技型小微企业的期望信息。指标集设为 $A^x = \{a_1, a_2, a_3, \cdots, a_l\}$，$A^x$ 为风险投资机构对科技型小微企业 l 个评价指标的集合，$a_k(k = 1, 2, 3, \cdots, l)$ 为第 k 个指标；$u^x = (u_1^x, u_2^x, u_3^x, \cdots, u_l^x)$，$u^x$ 为对应于评价指标集 A^x 的权重向量，$u_k^x(k = 1, 2, 3, \cdots, l)$ 为 a_k 指标的权重，表示风险投资机构对 a_k 指标的重视程度或偏好，且满足归一性要求，$0 \leqslant u_k^x \leqslant 1, \sum_{k=1}^{l} u_k^x = 1$；期望集设为 $E_i^x = \{e_{i1}^x, e_{i2}^x, e_{i3}^x, \cdots, e_{il}^x\}$，$E_i^x$ 为 x_i 针对 A^x 对

应的期望集，其中 $e_{ik}^x(k = 1,2,3\cdots,l)$ 为 x_i 针对 a_k 指标的要求（期望）。

科技型小微企业依据对风险投资机构的评价指标体系，对其中的每一个指标提出要求，形成对风险投资机构的期望信息。指标集设为 $B^y = \{b_1, b_2, b_3, \cdots, b_h\}$，$B^y$ 为科技型小微企业对风险投资机构的 h 个评价指标集，$b_k(k = 1,2,3,\cdots,h)$ 为第 k 个指标；$u^y = (u_1^y, u_2^y, u_3^y, \cdots, u_h^y)$，$u^y$ 为对应于指标集 B^y 的权重向量，$u_k^y(k = 1,2,3,\cdots,h)$ 为 b_k 指标的权重，表示科技型小微企业对 b_k 指标的重视程度或偏好，且满足归一性要求，$0 \le u_k^y \le 1, \sum_{k=1}^h u_k^y = 1$；期望集设为 $E_j^y = \{e_{j1}^y, e_{j2}^y, e_{j3}^y, \cdots, e_{jh}^y\}$，$E_j^y$ 为 y_j 针对 B^y 对应的期望集，其中 $e_{jk}^y(k = 1,2,3,\cdots,h)$ 为 y_j 针对 b_k 指标的要求（期望）。

投资中介依据风险投资机构和科技型小微企业双方的评价指标体系，对双方的实际情况进行尽职调查，形成风险投资机构和科技型小微企业的实际评价信息。其中实际情况评价集设为 $R_j^x = \{r_{j1}^x, r_{j2}^x, r_{j3}^x, \cdots, r_{jl}^x\}$，$R_j^x$ 为投资中介对 y_j 针对 A^x 对应的实际评价集，其中 $r_{jk}^x(k = 1,2,3,\cdots,l)$ 为投资中介对 y_j 针对 a_k 指标的实际评价；$R_i^y = \{r_{i1}^y, r_{i2}^y, r_{i3}^y, \cdots, r_{ih}^y\}$，$R_i^y$ 为投资中介对 x_i 针对 B^y 对应的实际评价集，其中 $r_{ik}^y(k = 1,2,3,\cdots,h)$ 为中介对 x_i 针对 b_k 指标的实际评价。

风险投资机构根据指标集 A^x，对每一个指标 a_i 给出要求，形成期望信息。科技型小微企业根据指标集 B^y，对每一个指标 b_i 给出要求，形成期望信息。投资中介通过实际调查，对 x_i 和 y_i 根据指标集 B^y 和 A^x 中的每一个指标进行实际评价，形成实际评价信息。本文根据双方的期望信息和实际评价信息，引入社会比较理论和前景理论，利用双边匹配决策方法，实现风险投资机构与科技型小微企业的稳定匹配（如图 4-2、图 4-3 所示）。

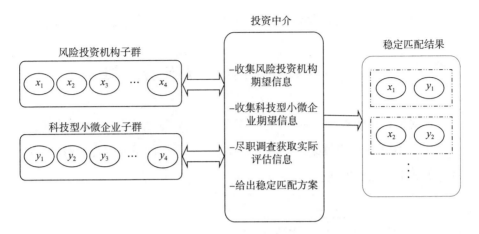

图 4-2　VC-E 双边稳定匹配决策问题

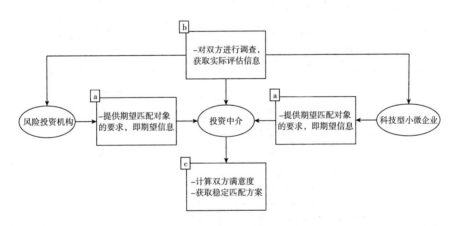

图 4-3　VC-E 稳定匹配决策过程

风险投资机构与科技型小微企业的双边匹配定义如下：

映射 $\mu: X \cup Y \to X \cup Y$，任意 $x_i \in X, y_j \in Y$，满足：

（1）$\mu(x_i) \in Y, \mu(y_j) \in X \cup \{y_j\}$

（2）$\mu(x_i) = y_j, \mu(y_j) = x_i$

则称第 i 个风险投资机构与第 j 个科技型小微企业在 μ 中双边匹配，即 (x_i, y_j)；若 (x_i, y_j) 中，$\mu(x_i) = y_j \neq y_{j'}, y_{j'} \in Y$、$\mu(y_j) = x_i \neq x_{i'}, x_{i'} \in X$，则称第 i 个风险投资机构 x_i 与第 j 个科技型小微企业 y_j 为一一匹配；若 $\mu(y_j)$

$= y_j$，则称第 j 个科技型小微企业 y_j 匹配失败，未有风险投资机构投资。

4.3 VC-E 稳定匹配决策研究框架

针对依托投融资网络系统的 VC-E 稳定匹配决策问题，本研究构建了如图4-4所示的研究框架。该框架流程左边为研究的主要内容，右边为所采用的相关理论和方法。

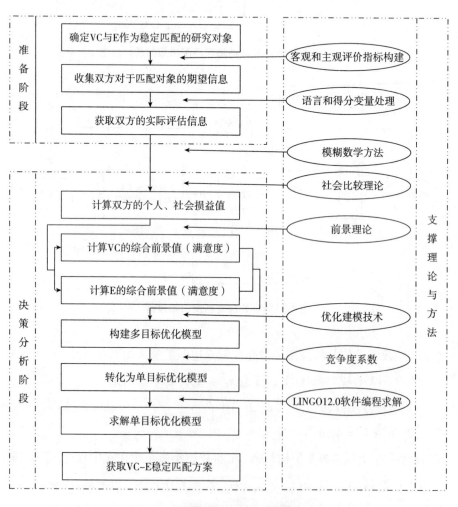

图4-4 VC-E 稳定匹配机制研究框架

第一阶段为准备阶段。首先，投资中介依托投融资网络系统收集有投资需求的风险投资机构和有融资需求的科技型小微企业，即确定匹配对象。然后，投资中介通过构建的客观和主观评价指标获取双方对未来匹配对象的期望信息。其次，投资中介尽职调查双方的实际情况并对其进行评估，得到实际评估信息。最后，运用得分变量和语言变量处理期望信息和实际评估信息。

第二阶段为决策分析阶段。首先，依据社会比较理论，决策主体在不确定条件下做出决策时会受到自身情况和社会环境的影响，进而采用模糊数学的方法将期望信息和实际评估信息转化为个人和社会损益值。其次，引入前景理论构建双方的价值函数，将个人和社会损益值转化为代表满意度的综合前景值。然后，运用优化建模技术，构建以双方满意度最大化为目标的多目标优化模型，并引入竞争度系数将其转化为单目标优化模型。最后，利用 LINGO12.0 软件编程求解模型，并将最优解对应的匹配结果作为 VC-E 的稳定匹配方案。

4.4 VC-E 稳定匹配模型构建

针对风险投资机构和科技型小微企业期望信息多元化特点，根据社会比较理论和前景理论，构建基于投融资网络系统的风险投资机构与科技型小微企业双边匹配模型。首先，根据风险投资机构对科技型小微企业的评价指标体系和科技型小微企业对风险投资机构的评价指标体系，得到风险投资机构对科技型小微企业每个评价指标的期望信息和科技型小微企业对风险投资机构每个评价指标的期望信息。依据社会比较理论和前景理论中的参照点效应，将每个匹配主体自身多种类型的期望信息作为个人维度的参照点，一方匹配主体综合的期望信息作为社会维度的参照点。然后，将投资中介给出的匹配主体的实际评价信息转化为相对于参照点的个人和社会损益值。再依据前景理论中的价值函数，将个人和社会损益值转化为刻画匹配主体满意度的综合前景值。最后，构建以匹配双方满意度最大化为目标的多目标优化模型并求解，进而实现风险投资机构和科技型小微企业的稳定匹配。

所以，模型的构建过程可分为以下4个步骤：

（1）基于个人维度和社会维度的损益值计算；

（2）构建价值函数将个人和社会损益值转化为综合前景值；

（3）构建以综合前景值最大化为目标的多目标优化模型；

（4）运行算法和求解模型。

4.4.1　数据类型定义

定义 1：$S = \{S_0, S_1, S_2, \cdots, S_n\}$，其中 n 为偶数，$S_\theta(\theta = 0, 1, 2, \cdots, n)$ 为 S 中的第 θ 个语言变量，$\theta + 1$ 称为 S 的语言粒度，若 S 满足以下性质：

（1）有序性：若 $\alpha > \beta$，则 $S_\alpha > S_\beta$，即 S_α 优于 S_β。

（2）逆运算：若 $\alpha + \beta = \theta$，则 $neg(S_\alpha) = S_\beta$，neg 为逆算子。

（3）最大最小化：若 $\alpha > \beta$，则 $\max\{S_\alpha, S_\beta\} = S_\alpha$，$\min\{S_\alpha, S_\beta\} = S_\beta$。

则称 S 为有序语言集。

定义 2：$\bar{S}_\theta = \{S_{\theta_1}, S_{\theta_1+1}, \cdots, S_{\theta_2}\} \triangleq [S_{\theta_1}, S_{\theta_2}]$，其中 $S_{\theta_1}, S_{\theta_2} \in S$，且 $0 \leqslant \theta_1 \leqslant \theta_2 \leqslant n$，$S$ 是有序语言集，则称 $\bar{S}_\theta$ 为离散区间语言变量。当 $\theta_1 = \theta_2$ 时，$\bar{S}_\theta = S_\theta$。

定义 3：$T = \{T_1, T_2, T_3, \cdots, T_n\}$，$T_\theta(\theta = 0, 1, 2, \cdots, n)$ 为 T 中的得分变量，若 $\alpha > \beta$ 则 $T_\alpha > T_\beta$，称 T 为离散得分集。

定义 4：$\overline{T_k} = \{T_{k_1}, T_{k_1} + 1, \cdots, T_{k_2}\} \triangleq [T_{k_1}, T_{k_2}]$，其中 $T_{k_1}, T_{k_2} \in T$，且 $1 \leqslant k_1 \leqslant k_2 \leqslant n$，$T$ 是离散得分集，则称 $\overline{T_k}$ 为离散区间得分变量。当 $k_1 = k_2$ 时，$\overline{T_k} = T_k$。

4.4.2　个人和社会损益值计算

根据社会比较理论中的风险决策参照点效应研究，决策者在不确定条件下做出的决策行为不仅会受到自身状态的影响，还会受到做出决策时的社会环境影响。所以，本文分别以风险投资机构和科技型小微企业自身的期望信息作为个人的参照点，即考虑自身状态的影响；一方的综合期望信息作为社会参照点，即考虑到匹配环境的影响。然后，将投资中介的实际评价信息转化为相对于参照点的个人损益值和社会损益值。

对于风险投资机构 x_i，其评价指标 a_k 的期望值为 e_{ik}^x，科技型小微企业的实际评价值为 r_{jk}^x。对于科技型小微企业 y_j，其评价指标 b_k 的期望值为 e_{jk}^y，风险投资机构的实际评价值为 r_{ik}^y。设 $p[f_{ik}^x(f_{jk}^y)]$ 为风险投资机构 x_i（科技型小微企业 y_j）针对 a_k（b_k）指标的个人损益值，设 $s[f_{ik}^x(f_{jk}^y)]$ 为风险投资机构 x_i（科技型小微企业 y_j）针对 a_k（b_k）指标的社会损益值。由于 $p[f_{ik}^x]$ 与 $p[f_{jk}^y]$ 以及 $s[f_{ik}^x]$ 与 $s[f_{jk}^y]$ 算法相同，故以 $p[f_{ik}^x]$ 与 $s[f_{ik}^x]$ 为例。

（1）若 $e_{ik}^x(e_{jk}^y) \in S$，$r_{jk}^x(r_{ik}^y) \in S$；

a_k 指标个人损益值 $p[f_{ik}^x]$ 计算方法为：

$$
p[f_{ik}^x] = \begin{cases} \sqrt{\dfrac{1}{3}\left[(r_{jk}^{x_1} - e_{ik}^{x_1})^2 + (r_{jk}^{x_2} - e_{ik}^{x_2})^2 + (r_{jk}^{x_3} - e_{ik}^{x_3})^2\right]} & , r_{jk}^x > e_{ik}^x \\ 0 & , r_{jk}^x = e_{ik}^x \\ -\sqrt{\dfrac{1}{3}\left[(r_{jk}^{x_1} - e_{ik}^{x_1})^2 + (r_{jk}^{x_2} - e_{ik}^{x_2})^2 + (r_{jk}^{x_3} - e_{ik}^{x_3})^2\right]} & , r_{jk}^x < e_{ik}^x \end{cases}
$$

其中，$r_{jk}^x = (r_{jk}^{x_1}, r_{jk}^{x_2}, r_{jk}^{x_3})$ 为 r_{jk}^x 有序短语变量的三角模糊数，$e_{ik}^x = (e_{ik}^{x_1}, e_{ik}^{x_2}, e_{ik}^{x_3})$ 为 e_{ik}^x 有序短语变量的三角模糊数。

a_k 指标社会损益值 $s[f_{ik}^x]$ 为：

$$
s[f_{ik}^x] = \begin{cases} \sqrt{\dfrac{1}{3}\left[(r_{jk}^{x_1} - \overline{e_{ik}^{x_1}})^2 + (r_{jk}^{x_2} - \overline{e_{ik}^{x_2}})^2 + (r_{jk}^{x_3} - \overline{e_{ik}^{x_3}})^2\right]} & , r_{jk}^x > \overline{e_{ik}^x} \\ 0 & , r_{jk}^x = \overline{e_{ik}^x} \\ -\sqrt{\dfrac{1}{3}\left[(r_{jk}^{x_1} - \overline{e_{ik}^{x_1}})^2 + (r_{jk}^{x_2} - \overline{e_{ik}^{x_2}})^2 + (r_{jk}^{x_3} - \overline{e_{ik}^{x_3}})^2\right]} & , r_{jk}^x < \overline{e_{ik}^x} \end{cases}
$$

其中，$r_{jk}^x = (r_{jk}^{x_1}, r_{jk}^{x_2}, r_{jk}^{x_3})$、$\overline{e_{ik}^x} = (\overline{e_{ik}^{x_1}}, \overline{e_{ik}^{x_2}}, \overline{e_{ik}^{x_3}})$ 分别为有序短语变量 r_{jk}^x、$\overline{e_{ik}^x}$ 的三角模糊数，其中 $\overline{e_{ik}^{x_1}} = (\sum_{i=1}^{n} e_{ik}^{x_1})/n$、$\overline{e_{ik}^{x_2}} = (\sum_{i=1}^{n} e_{ik}^{x_2})/n$、$\overline{e_{ik}^{x_3}} = (\sum_{i=1}^{n} e_{ik}^{x_3})/n$。

当 $r_{jk}^x > e_{ik}^x (\overline{e_{ik}^x})$ 时，$p[f_{ik}^x](s[f_{ik}^x])$ 为收益，相对于参照点 $e_{ik}^x(\overline{e_{ik}^x})$，$r_{jk}^x$ 越好收益越大。反之，当 $r_{jk}^x < e_{ik}^x (\overline{e_{ik}^x})$ 时，$p[f_{ik}^x](s[f_{ik}^x])$ 为损失，相对于参照点 $e_{ik}^x(\overline{e_{ik}^x})$，$r_{jk}^x$ 越差损失越大。

（2）若 $e_{ik}^x(e_{jk}^y) \in \overline{S}_\theta = \{S_{\theta_1}, S_{\theta_1+1}, \cdots, S_{\theta_2}\}$，$r_{jk}^x(r_{ik}^y) \in S$；

$e_{ik}^x = \overline{S_{i\theta}} = \{S_{i\theta_1}, S_{i\theta_1+1}, \cdots, S_{i\theta_2}\} = [S_{i\theta_1}, S_{i\theta_2}]$，$e_{jk}^y = \overline{S_{j\theta}} = \{S_{j\theta_1}, S_{j\theta_1+1}, \cdots, S_{j\theta_2}\} = [S_{j\theta_1}, S_{j\theta_2}]$。

a_k 指标个人损益值 $p[f_{ik}^x]$ 为：

$$
p[f_{ik}^x] = \begin{cases}
-\sqrt{\dfrac{1}{3}[(r_{jk}^{x_1} - S_{i\theta_2}^1)^2 + (r_{jk}^{x_2} - S_{i\theta_2}^2)^2 + (r_{jk}^{x_3} - S_{i\theta_2}^3)^2]} & , r_{jk}^x > S_{i\theta_2} \\
0 & , r_{jk}^x \in \overline{S_{i\theta}} \\
-\sqrt{\dfrac{1}{3}[(r_{jk}^{x_1} - S_{i\theta_1}^1)^2 + (r_{jk}^{x_2} - S_{i\theta_1}^2)^2 + (r_{jk}^{x_3} - S_{i\theta_1}^3)^2]} & , r_{jk}^x < S_{i\theta_1}
\end{cases}
$$

其中，$r_{jk}^x = (r_{jk}^{x_1}, r_{jk}^{x_2}, r_{jk}^{x_3})$ 为 r_{jk}^x 有序短语变量的三角模糊数，$S_{i\theta_1} = (S_{i\theta_1}^1, S_{i\theta_1}^2, S_{i\theta_1}^3)$ 为 $S_{i\theta_1}$ 区间语言变量的三角模糊数，$S_{i\theta_2} = (S_{i\theta_2}^1, S_{i\theta_2}^2, S_{i\theta_2}^3)$ 为 $S_{i\theta_2}$ 的区间语言变量的三角模糊数。

a_k 指标社会损益值 $s[f_{ik}^x]$ 为：

$$
s[f_{ik}^x] = \begin{cases}
-\sqrt{\dfrac{1}{3}[(r_{jk}^{x_1} - \overline{S_{i\theta_2}^1})^2 + (r_{jk}^{x_2} - \overline{S_{i\theta_2}^2})^2 + (r_{jk}^{x_3} - \overline{S_{i\theta_2}^3})^2]} & , r_{jk}^x > \overline{S_{i\theta_2}} \\
0 & , r_{jk}^x \in \overline{S_{i\theta}} \\
-\sqrt{\dfrac{1}{3}[(r_{jk}^{x_1} - \overline{S_{i\theta_1}^1})^2 + (r_{jk}^{x_2} - \overline{S_{i\theta_1}^2})^2 + (r_{jk}^{x_3} - \overline{S_{i\theta_1}^3})^2]} & , r_{jk}^x < \overline{S_{i\theta_1}}
\end{cases}
$$

其中，$r_{jk}^x = (r_{jk}^{x_1}, r_{jk}^{x_2}, r_{jk}^{x_3})$ 为 r_{jk}^x 有序短语变量的三角模糊数，$\overline{S_{i\theta_1}} = (\overline{S_{i\theta_1}^1}, \overline{S_{i\theta_1}^2}, \overline{S_{i\theta_1}^3})$ 为 $\overline{S_{i\theta_1}}$ 区间语言变量的三角模糊数，$\overline{S_{i\theta_2}} = (\overline{S_{i\theta_2}^1}, \overline{S_{i\theta_2}^2}, \overline{S_{i\theta_2}^3})$ 为 $\overline{S_{i\theta_1}}$ 区间语

言变量的三角模糊数。$\overline{S_{i\theta_1}^1} = \sum\limits_{i=1}^{n} S_{i\theta_1}^1 / n$，$\overline{S_{i\theta_1}^2} = \sum\limits_{i=1}^{n} S_{i\theta_1}^2 / n$，$\overline{S_{i\theta_1}^3} = \sum\limits_{i=1}^{n} S_{i\theta_1}^3 / n$；

$\overline{S_{i\theta_2}^1} = \sum\limits_{i=1}^{n} S_{i\theta_2}^1 / n$，$\overline{S_{i\theta_2}^2} = \sum\limits_{i=1}^{n} S_{i\theta_2}^2 / n$，$\overline{S_{i\theta_2}^3} = \sum\limits_{i=1}^{n} S_{i\theta_2}^3 / n$。

当 $r_{jk}^x > S_{i\theta_2}(\overline{S_{i\theta_2}})$ 时，$p[f_{ik}^x](s[f_{ik}^x])$ 为损失，相对于参照点 e_{ik}^x，r_{jk}^x 越好损失越大；当 $r_{jk}^x < S_{i\theta_1}(\overline{S_{i\theta_1}})$ 时，$p[f_{ik}^x](s[f_{ik}^x])$ 也为损失，相对于参照点 e_{ik}^x，r_{jk}^x 越差损失越大；当 $r_{jk}^x \in \overline{S_{i\theta}}$ 时，$p[f_{ik}^x](s[f_{ik}^x])$ 为 0，既无损失也无收益。

（3）若 $e_{ik}^x(e_{jk}^y) \in T$，$r_{jk}^x(r_{ik}^y) \in T$；

a_k 指标个人损益值 $p[f_{ik}^x] = \begin{cases} \dfrac{r_{jk}^x - e_{ik}^x}{n} & , r_{jk}^x > e_{ik}^x \\ 0 & , r_{jk}^x = e_{ik}^x \\ -\dfrac{(e_{jk}^x - r_{ik}^x)}{n} & , r_{jk}^x < e_{ik}^x \end{cases}$

a_k 指标社会损益值 $s[f_{ik}^x] = \begin{cases} \dfrac{r_{jk}^x - \overline{e_{ik}^x}}{n} & , r_{jk}^x > \overline{e_{ik}^x} \\ 0 & , r_{jk}^x = \overline{e_{ik}^x} \\ -\dfrac{(\overline{e_{ik}^x} - r_{ik}^x)}{n} & , r_{jk}^x < \overline{e_{ik}^x} \end{cases}$

其中，$\overline{e_{ik}^x} = \sum\limits_{i=1}^{n} e_{ik}^x / n$，当 $r_{jk}^x > e_{ik}^x(\overline{e_{ik}^x})$ 时，$p[f_{ik}^x](s[f_{ik}^x])$ 为收益，相对于参照点 $e_{ik}^x(\overline{e_{ik}^x})$，$r_{jk}^x$ 越大收益越大。反之，当 $r_{jk}^x < e_{ik}^x(\overline{e_{ik}^x})$ 时，$p[f_{ik}^x](s[f_{ik}^x])$ 为损失，相对于参照点 $e_{ik}^x(\overline{e_{ik}^x})$，$r_{jk}^x$ 越小损失越大。

（4）若 $e_{ik}^x(e_{jk}^y) \in \overline{T_{ik}} = \{ T_{ik_1}, T_{ik_1} + 1, \cdots, T_{ik_2} \}$，$r_{jk}^x(r_{ik}^y) \in T$；

$e_{ik}^x = \overline{T_{ik}} = \{ T_{ik_1}, T_{ik_1} + 1, \cdots, T_{ik_2} \} = [T_{ik_1}, T_{ik_2}]$，

$e_{jk}^y = \overline{T_{jk}} = \{ T_{jk_1}, T_{jk_1} + 1, \cdots, T_{jk_2} \} = [T_{jk_1}, T_{jk_2}]$。

$$a_k \text{ 指标个人损益值 } p[f_{ik}^x] = \begin{cases} -\dfrac{(r_{jk}^x - T_{ik_2})}{n} & , \quad r_{jk}^x > T_{ik_2} \\ 0 & , \quad r_{jk}^x \in \overline{T_{ik}} \\ -\dfrac{(T_{ik_1} - r_{jk}^x)}{n} & , \quad r_{jk}^x < T_{ik_1} \end{cases}$$

$$a_k \text{ 指标社会损益值 } s[f_{ik}^x] = \begin{cases} -\dfrac{(r_{jk}^x - \overline{T_{ik_2}})}{n} & , \quad r_{jk}^x > \overline{T_{ik_2}} \\ 0 & , \quad r_{jk}^x \in [\overline{T_{ik_1}}, \overline{T_{ik_2}}] \\ -\dfrac{(\overline{T_{ik_1}} - r_{jk}^x)}{n} & , \quad r_{jk}^x < \overline{T_{ik_1}} \end{cases}$$

其中，$\overline{T_{ik_1}} = \sum\limits_{i=1}^{n} T_{ik_1}/n$、$\overline{T_{ik_2}} = \sum\limits_{i=1}^{n} T_{ik_2}/n$，当 $r_{jk}^x > T_{ik_2}(\overline{T_{ik_2}})$ 时，$p[f_{ik}^x](s[f_{ik}^x])$ 为损失，相对参照点 $T_{ik_2}(\overline{T_{ik_2}})$，$r_{jk}^x$ 越大损失越大。当 $r_{jk}^x < T_{ik_1}(\overline{T_{ik_1}})$ 时，$p[f_{ik}^x](s[f_{ik}^x])$ 也为损失，相对参照点 $T_{ik_1}(\overline{T_{ik_1}})$，$r_{jk}^x$ 越小损失越大。当 $r_{jk}^x \in \overline{T_{ik}}([\overline{T_{ik_1}}, \overline{T_{ik_2}}])$ 时，损益为 0。

为了精准描述风险投资机构与科技型小微企业的投融资需求，本书构建了两者的互评指标体系。由于需求信息的多元化特点导致指标类型的多样化，鉴于此，针对不同的指标类型本文采取了不同的方法来计算个人和社会损益值。（1）和（2）的损益值计算方法是针对投资中介采用的评价指标属于语言变量，而风险投资机构（科技型小微企业）采用的评价指标属于语言变量和区间语言变量的情况；（3）和（4）的损益值计算方法是针对投资中介采用的评价指标属于得分变量，而风险投资机构（科技型小微企业）采用的评价指标属于得分变量和区间得分变量的情况。所以，本文根据不同指标类型采用不同的计算方法，为风险投资机构与科技型小微企业的双边匹配提供了可靠的匹配依据。

4.4.3　综合前景值计算

卡尼曼和特沃斯基（Kahneman and Tversky）在基于期望效用理论

（EUT）和"有限理性"理论的基础上于 1979 年提出了著名的前景理论。之前 EUT 理论长时间被应用于不确定条件下风险决策行为的研究，该理论中所有决策者都是基于"完全理性人"的假设条件，根据效用的高低进行决策。但是，在现实的不确定风险决策行为中，通过 EUT 理论计算和比较效用，以此对方案进行预测和判断，其结果却与人们所做出的实际决策行为有所差异。鉴于此，卡尼曼和特沃斯基基于"有限理性"理论开始了对不确定条件下决策者的判断和选择行为进行深入研究，发现 EUT 理论中理论决策行为和实际决策行为之间存在着系统性偏差。所以，在此基础上卡尼曼和特沃斯基提出了能够对不确定风险条件下决策者做出决策行为更准确描述和解释的前景理论，该理论的提出引起了学者们广泛的关注，卡尼曼也因将心理学和经济学紧密地联系起来而获得了 2002 年诺贝尔经济学奖。

前景理论认为，个体进行风险决策是对不确定条件下各种风险结果的选择，而风险的结果就是所谓的"前景"，且该值可以通过一系列的计算方法得出。首先，前景理论将个人风险决策过程分为两个阶段，即编辑阶段和估值阶段。编辑阶段是指为了方便后续对前景的评估和选择，而按照一定的规则和算法对前景进行重新构建，进而将前景简化为更为简便的形式。估值阶段是指对第一阶段简化后的前景进行估值，从而选择具有最高前景的风险结果。卡尼曼和特沃斯基认为，前景的估值即前景值 V 是由价值函数 $v(x)$ 和决策权重函数 $w(p)$ 共同作用的结果。

1. 价值函数

EUT 理论中的期望效用来源于预期的决策结果，即关注点在于最终的决策结果，而前景理论中的前景值来源于主观感受与预期结果之间的相对值，即关注点在于最终决策结果相对于主观感受的变化值。比如，拥有多少财富才算是富人？对富人的判别是相对于某一个参考点而言的，而这个参考点可能对于每一个人来说都不相同。所以，前景理论强调财富的绝对值与主观感知（参考点）之间的相对值比 EUT 理论强调财富的绝对值更为符合人们认识判断原则。鉴于此，价值函数拥有如下 3 个特点：

（1）参照依赖。价值函数的建立基础是收益和损失值，而收益和损失值来源于决策结果相对于参照点的相对量，所以价值函数有两个自变量，即参照点的选取和相对于参照点的变化量。

（2）确定和反射效应。确定效应指多数人面对收益时是风险厌恶者，反射效应指多数人面临损失时是风险偏好者，这使价值函数呈现为 S 形，即在参考点以下的损失区域表现为向下的凸函数，参考点以上的收益区域表现为向下的凹函数。

（3）损失规避。大多数人对于等量损失和收益的敏感程度不同，损失的敏感程度更高。简而言之，损失一百元钱带来的痛苦感远大于收获一百元钱带来的幸福感，这表现在价值函数上为损失区域的曲线斜率大于收益区域的曲线斜率。

卡尼曼和特沃斯基认为满足以上特征的价值函数表达形式如式(4-1)所示。

$$v(x) = \begin{cases} x^\alpha & x \geq 0 \\ -\lambda (-x)^\beta & x \leq 0 \end{cases} \qquad (4-1)$$

其中，参数 α 和 β 分别表示价值函数在收益区域和损失区域的凹凸程度，$\alpha, \beta < 1$ 表示敏感性递减。λ 系数表示价值函数在损失区域比收益区域更陡，$\lambda > 1$ 表示损失厌恶。价值函数具体的图像如图 4-5 所示。

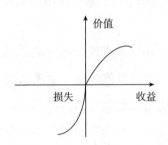

图 4-5　前景理论中的价值函数

2. 决策权重函数

前景理论中的决策权重函数 $w(p)$ 表示每个决策事件发生概率对前景值的影响。但是 $w(p)$ 并不是概率 p 的度量，而是一种评价概率 p 的函数。具体的函数表达形式如式（4-2）与式（4-3）。

$$w^+(p) = \frac{p^\gamma}{[p^\gamma + (1-p)^\gamma]^{1/\gamma}} \tag{4-2}$$

$$w^-(p) = \frac{p^\delta}{[p^\delta + (1-p)^\delta]^{1/\delta}} \tag{4-3}$$

式（4-2）为收益区域的决策权重函数，式（4-3）为损失区域的决策权重函数，p 为概率，γ 和 δ 为参数。

前景值 $V = v(x) \cdot w(p)$，进而达到对前景的估值，便于选择出最高前景值的决策。本研究正是将社会比较理论中的社会参照引入前景理论中，使价值函数的收益和损失值同时受到社会参照和个人参照的影响，通过对双参照情境下计算出前景值的选择而做出最优决策，这与现实不确定条件下的决策行为更加吻合。

依据卡尼曼和特沃斯基（1979）提出的前景理论，考虑风险投资机构和科技型小微企业在收益和损失状态下对待风险态度的不同，即损益值为正时为风险厌恶，损益值为负时为风险偏好，而且面对损益值为负时会更加敏感的非理性特征，构建风险投资机构和科技型小微企业的价值函数，进而将个人和社会损益值转化为刻画满意度的综合前景值。

设风险投资机构 x_i 对科技型小微企业 y_j 的综合前景值为 $V(F_{ij}{}^x)$，科技型小微企业 y_j 对风险投资机构 x_i 的综合前景值为 $V(F_{ij}{}^y)$。$V(F_{ij}{}^x) = \sum_{i=1}^{n} [u_i^x \cdot v(f_{ik}^x)]$，$v(f_{ik}^x)$ 为 x_i 对 y_j 的 a_k 指标的前景值；$V(F_{ij}{}^y) = \sum_{j=1}^{m} [u_j^y \cdot v(f_{jk}^y)]$，$v(f_{jk}^y)$ 为 y_j 对 x_i 的指标 b_k 的前景值；u_i^x 与 u_j^y 为指标权重。则构建的价值函数如下：

$$v(f_{ik}^x) = \begin{cases} \{\tau \cdot p[f_{ik}^x] + (1-\tau) \cdot s[f_{ik}^x]\}^\alpha & , \tau \cdot p[f_{ik}^x] + (1-\tau) \cdot s[f_{ik}^x] > 0 \\ 0 & , \tau \cdot p[f_{ik}^x] + (1-\tau) \cdot s[f_{ik}^x] = 0 \\ -\lambda \{-\tau \cdot p[f_{ik}^x] - (1-\tau) \cdot s[f_{ik}^x]\}^\beta & , \tau \cdot p[f_{ik}^x] + (1-\tau) \cdot s[f_{ik}^x] < 0 \end{cases}$$

其中，$\tau \in [0,1]$ 为 f_{ik} 的综合损益决策机制系数，$\tau > 0.5$ 表示主要依据个人损益值来衡量 f_{ik} 的获得或损失；$\tau < 0.5$ 表示主要依据社会损益值来衡量 f_{ik} 的获得或损失；$\tau = 0.5$ 表示采取均衡折衷的方式衡量 f_{ik} 的获得或损失。$\alpha \in (0,1)$，$\beta \in (0,1)$ 为价值函数 $v(f_{ik})$ 在收益区域和损失区域的凹凸系数，当风险投资机构与科技型小微企业相对于参照点为收益时是凹函数即风险厌恶，为损失时为凸函数即风险偏好。$\lambda > 1$ 为风险投资机构（科技型小微企业）的损失规避系数。根据卡尼曼和特沃斯基（1992）的实证结果，α、β 可取 0.88，λ 可取 2.25。

4.4.4　构建多目标优化模型及求解方法

在投融资系统中，投资中介收到风险投资机构和科技型小微企业的投融资需求信息，然后对两者的实际情况进行尽职调查，获取实际评估信息。根据需求信息和实际评估信息，投资中介将风险投资机构与科技型小微企业进行撮合匹配。所以在实际匹配过程中存在三方主体，即风险投资机构、科技型小微企业和投资中介。风险投资机构和科技型小微企业的目的是找到心目中的投融资对象，从而实现利益最大化。换言之，匹配双方要找到使自己满意度最大化的匹配对象。而投资中介的收益取决于稳定匹配对的数量，也就是通过投资中介的撮合能实现稳定匹配的风险投资机构与科技型小微企业的数量，稳定匹配对越多，那么收益也越高。所以，只要实现了匹配双方即风险投资机构与科技型小微企业的满意度最大化，获得稳定匹配结果，那么就满足匹配所涉及的三方主体的利益最大化。

由此，本书构建了以风险投资机构与科技型小微企业匹配满意度最大化为目标的多目标优化模型。假如有 n 家风险投资机构与 m 家科技型小微企业进行匹配，设 τ_{ij} 为 0-1 变量，即 $\tau_{ij} = 1$ 表示风险投资机构 x_i 与科技型小微企业 y_j 匹配，$\tau_{ij} = 0$ 表示风险投资机构 x_i 与科技型小微企业 y_j 不匹配，将风险投资机构与科技型小微企业的双边匹配问题转化为多目标优化问题。

多目标优化模型如下：

$$\max Z_x = \sum_{i=1}^{n} \sum_{j=1}^{m} V(F_{ij}{}^x) \cdot \tau_{ij} \qquad (4-4)$$

$$\max Z_y = \sum_{i=1}^{n} \sum_{j=1}^{m} V(F_{ij}{}^y) \cdot \tau_{ij} \qquad (4-5)$$

$$\text{s. t. } \sum_{j=1}^{m} \tau_{ij} \geq 1, i = 1,2,3,\cdots,n \qquad (4-6)$$

$$\sum_{i=1}^{n} \tau_{ij} \leq 1, j = 1,2,3,\cdots,m \qquad (4-7)$$

$$\tau_{ij} = 0 \text{ or } 1 \text{ ; } i = 1,2,3,\cdots,n \text{ ; } j = 1,2,3,\cdots,m$$

其中：式（4-4）表明风险投资机构 X 对科技型小微企业 Y 的满意度最大化；式（4-5）表明科技型小微企业 Y 对风险投资机构 X 的满意度最大化；式（4-6）和式（4-7）为限制条件，即一家风险投资机构至少投资一个科技型小微企业，而一个科技型小微企业最多只能接受一家风险投资机构，属于一对多的双边匹配。

对于构建的多目标优化模型，常规解法是运用线性加权法将其转化为单目标优化模型进行求解，但是如何确定各目标权重使之符合客观实际情况，是比较棘手的问题。本书在参考众多文献资料的情况下，决定引入陈晔等（2016）所提出的竞争度系数作为目标权重进行转化，因为其比较符合匹配环境的客观情况。

单目标优化模型如下：

$$\max Z = \omega_x \cdot \max Z_x + \omega_y \cdot \max Z_y$$

$$= \tau_{ij} \cdot \sum_{i=1}^{n} \sum_{j=1}^{m} \left[V(F_{ij}{}^x) \cdot \omega_x + V(F_{ij}{}^y) \cdot \omega_y \right]$$

$$\text{s. t. } \sum_{j=1}^{m} \tau_{ij} \geq 1, i = 1,2,3,\cdots,n$$

$$\sum_{i=1}^{n} \tau_{ij} \leq 1, j = 1,2,3,\cdots,m$$

$$\tau_{ij} = 0 \text{ or } 1 \text{ ; } i = 1,2,3,\cdots,n \text{ ; } j = 1,2,3,\cdots,m$$

其中，$\omega_x = \dfrac{m}{n+m}$，$\omega_y = \dfrac{n}{n+m}$，为竞争度系数；在风险投资市场上，若

风险投资机构数目多于科技型小微企业，则 $\omega_x < \omega_y$；若风险投资机构数目少于科技型小微企业，则 $\omega_x > \omega_y$。单目标优化模型可用 LINGO12.0 软件进行求解，而根据多目标规划理论，单目标优化模型的最优解也为多目标优化模型的最优解，所以以上决策模型可获得最优的稳定匹配方案。

4.5　本章小结

本章对基于投融资网络系统的 VC-E 稳定匹配机制进行分析，进而构建 VC-E 稳定匹配模型。双边匹配指的是互不相交的两个集合之间元素的配对行为，即投融资网络系统中风险投资与科技型小微企业在投资中介平台的撮合下实现双边稳定匹配的行为。投资中介通过投融资网络系统收集风险投资机构与科技型小微企业的期望信息和实际信息，并对其进行评估整理。然后，利用社会比较理论和相应的数据处理方法，将信息转化为个人和社会损益值，再引入前景理论构建价值函数将损益值转化为代表满意度的综合前景值。最后，以满意度最大化为目标构建多目标优化模型并求解，从而获得 VC-E 的稳定匹配方案。

第5章

VC-E 双边匹配评价指标体系设计

在投融资系统中，风险投资机构与科技型小微企业的互相评价指标是得出稳定匹配结果的决策依据，是刻画双方需求意愿的关键变量。由于投融资信息的复杂性和科技型小微企业本身成长的不确定性，匹配双方的互评指标设计就显得尤为重要。指标设计合理能够准确描述双方的投融资需求，要求投资中介通过各种途径尽职调查，进而在一定程度上可以规避风险投资机构与科技型小微企业的信息不对称，降低投融资的决策风险。而且衡量双边匹配的匹配结果是否具有科学性和有效性，不仅要求匹配算法的合理精准，还要求决策依据是否真实可靠。决策依据的来源就是互评指标，它是数据的第一道过滤网，是否能够留下有效信息而过滤掉冗余信息，指标的设计与处理至关重要。

5.1 指标设计基本原则

（1）系统性原则。风险投资机构与科技型小微企业要充分表达自己的投融资需求信息，投资中介要准确细致地调查双方的真实情况，都离不开从风险投资机构和创业企业的各个方面来系统地设计指标。由于风险投资机构和科技型小微企业本身就是金融市场中联系广泛的主体，要体现其真实价值，指标体系必须系统和全面。

（2）目的性原则。在系统和全面的基础上指标设计必须突出重点，以体现其目的性。对于风险投资机构来说，其寻求科技型小微企业的目的是获取高额投资回报收益，而投资收益来源是科技型小微企业在一定时间段内企业价值的增值。由此，风险投资机构对科技型小微企业的评价指标必须围绕企业价值增值的影响因素展开。对于科技型小微企业而言，其寻求风险投资的目的是获得创业资本，以及改善公司治理结构、股权结构等。那么，科技型小微企业对风险投资机构的评价指标需要重点考虑资金实力、投资经验以及公司经营管理经验等。有的放矢，方能精准有效。

（3）科学性原则。指标的设计必须遵循科学性原则，要能充分、客观地反映风险投资机构和科技型小微企业的真实状况和特点。在此基础上，指标设计还不能过于冗余、过细、繁琐以及相互重叠，但又不能过于简单而出现遗漏。所以，对于风险投资机构和科技型小微企业这样的复杂主体，指标设计务必精益求精。

（4）定性和定量相结合。在风险投资机构和科技型小微企业的评价指标中，不仅要包含定量的指标，还需要考虑定性的指标，这是根据投融资目的实际情况而设计的。例如，如何评价企业家的素质，这只能采用定性指标；如何评价投资回报收益，这只能采用定量指标。所以，指标设计时考虑到风险投资市场的特点需要将定性和定量指标相结合。

5.2 风险投资机构对科技型小微企业的评价指标构建

由于美国的风险投资市场发展较早，风险投资机构对投资项目（创业企业）的评价指标体系，早在 20 世纪七八十年代就已成为研究热点。威尔斯（Wells，1974）和波因德斯（Poindexer，1976）分别对风险投资机构进行实际调研，从管理、收益、宏观经济以及企业发展阶段等方面入手，得出了按照指标重要性进行区分的 12 项风险投资项目评价指标体系，该体系在当时具有很强的现实性，让风险投资者认识到了投资项目评估更多的层面；而泰比吉和布鲁诺（Tyebjee and Bruno，1984）率先使用问卷调查和因素分析法得出了第一个风险投资项目评价模型，建立了5类主要指标，18个细分指标的投资项目评价指标体系，其指标体系让风险投资项目评估进入了细化、精确阶段，具有划时代意义。至今，后续研究者在此基础上，逐步完善了风险投资项目的指标评价体系。从表5-1可以看出，美国风险投资评价投资项目的主要指标有创业企业家素质、投资回报率、企业的产品和市场等因素。

表5-1　　　　　　　美国风险投资机构对项目评价的主要指标

威尔斯（1974）		波因德斯（1976）		泰比吉和布鲁诺（1984）	
因素	权重	因素	排序	因素	频数（%）
管理层的承诺	10.0	管理层素质	1	管理者技能和历史	89
产品	8.8	期望收益率	2	市场规模/增长	50
市场	8.3	期望风险	3	回报率	46
营销技能	8.2	权益比例	4	市场定位	20
工程技能	7.4	管理层在企业中的利害关系	5	财务历史	11
营销计划	7.2	保护投资者权力的财务条款	6	企业所在地	11
财务技能	6.4	企业发展阶段	7	增长潜力	11
制造技能	6.2	限制性内容	8	进入壁垒	11
参考	5.9	利率或红利率	9	投资规模	9
其他交易参与者	5.0	现有资本	10	行业/经验	7
行业/技术	4.2	投资者的控制	11	企业发展阶段	4
变现方法	2.3	税收考虑	12	企业家利害关系	4

注：图表数据来源于文献统计资料

国内研究者在美国风险投资指标体系的基础上，结合我国实际情况，编制了我国风险投资机构对创业企业的指标评价体系。樊相如和沈良峰

（2004）将评价指标分为 3 类，分别为企业能力指标、风险评价指标、市场与财务评价指标，其中每一类指标下属 3 个具体评估指标。刘金林（2011）则将评价指标分为三个层次，第一层次为风险投资项目管理团队评价和风险项目技术经济可行性评价两个指标；第二层次为 6 个指标，分别为项目管理团队评价指标下属 3 个二级指标，包含企业家基本素质、管理经验与能力、团队组织结构与制度。风险项目技术经济可行性评价指标下属 3 个二级指标，包含项目成长性评价、市场前景评价、盈利能力评价；第三层次为第二层次下属较为具体的定量和定性指标。张格亮（2012）通过构建 5 项一层指标，分别为管理团队、技术与产品、市场与竞争环境、财务评估和项目交易过程相关指标，每一项一层指标又包括 4 项二层指标，来评估创业企业。阮永英（2016）则构建了 8 类一级指标、18 个二级指标来对创业企业进行评估。

通过国内外文献研究对比发现：

第一，风险投资机构对创业企业的评价指标种类繁多、层次多元，但是其主要、重点的指标却如出一辙。比如，众多指标体系都将创业企业团队评价列为第一项，后续分别为创业企业的风险和收益等。由此观之，创业企业要想得到风险投资机构的青睐，团队的素质和管理经验极为重要。这正好印证了风险投资领域的一个故事，风险投资好比赌场买马一样，开始之前，马（产品）、马场（市场）和机会（投资回报）都不是最重要的，最重要的是骑手（创业团队）。一流的团队加上二流的项目让你跑满全程，一流的项目加上二流的团队让你满盘皆输。

第二，风险投资作为一种关系型投资，不仅要考虑投资项目的客观评价指标，还要考虑主观的评价指标。王兰（2012）指出，VC-E 之间的文化差异影响双方的交易成本，甚至思维方式、行为方式的严重冲突，文化契合度作为一种社会控制机制和风险决定因素，决定着 VC-E 合作关系的发展趋势。因此，文化契合度可以作为风险投资机构评价投资项目的主观评价指标。

由此，本书根据指标设计基本原则以及文献的梳理，构建了如图 5-1 所示的风险投资机构对科技型小微企业的评价指标体系。

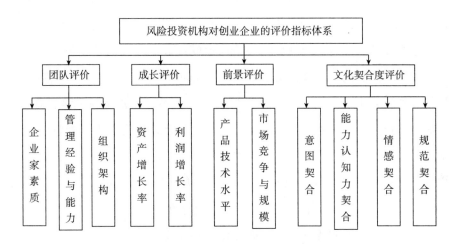

图 5-1　风险投资机构对科技型小微企业的评价指标体系

本书构建的风险投资机构对科技型小微企业的评价指标体系分为两类，一类为客观评价指标，包括 3 个一级指标，分别为团队评价、成长评价、前景评价。在这 3 个一级指标下，又包含 7 个二级指标，分别为企业家素质、管理经验与能力、组织架构，资产增长率、利润增长率，产品技术水平、市场竞争力与规模。当风险投资机构对科技型小微企业进行选择时，优先考虑的是创业团队的整体情况，因为一流的团队强于一流的项目。比如，会调查主要创始人的学历背景、过往的履历等，整个团队是否具有一定的管理经验和能力，以及组织架构是否合理。然后再评估科技型小微企业的情况，分别从成长能力和发展前景两个方面进行评价。风险投资机构会调查科技型小微企业过往的资产和利润增长情况，以判断当前科技型小微企业的成长能力和当前实际的市场价值，这不仅会涉及投资金额、股权分配的问题，还会涉及投资回收期的长短。另外，从根源上来讲，风险投资机构高额的投资报酬来源于科技型小微企业的快速增值，而快速增值就需要产品技术水平高，市场广阔，且具有较强的竞争力，所以这些就可以作为发展前景的判断指标。

另一类为主观评价指标，包括 1 个一级指标即文化契合度评价，4 个二级指标分别为意图契合、能力认知力契合、情感契合、规范契合。意图契合是指交易主体意图建立合作关系和形成一致性目标，以缓解彼此利益目标冲突对交易关系产生的负面效应（Gemunden et al.，1999），风险投资机构和科技型小微企业若想构建良好的合作关系，就需要达到意图契合，有着公平行为和实现共同目标。能力认知力契合是指交易主体的技能与认知力相似程度高，能力主要为交易主体学习各种隐性知识的技能，而认知力则是交易主体察觉和理解显性知识的能力（Nooteboom，2000；Weber，2007）。当风险投资机构与科技型小微企业存在能力与认知力契合时，彼此更容易学习对方的各种知识，提升自己的专业技能，最终提高双方的绩效。情感契合是指交易双方在情感交流方面能充分实现和睦相处。风险投资机构与科技型小微企业的情感和谐能促使双方建立信任关系并形成开放式关系，由此提升资源共享绩效，提升合作的意愿和紧密度。规范契合是指交易主体在关系规范和价值观方面的相似度。关系规范指人们在社会中的行为规则和准则，相同的关系规范可有效促进风险投资机构与科技型小微企业之间的资源共享，因为双方觉得之所以应该采取如此行为是因为面临共同的利益，希望彼此平等合作。而价值观的趋同性更能使风险投资机构与科技型小微企业成为"一家人"。

5.3 科技型小微企业对风险投资机构的评价指标构建

由于我国的市场经济发展较晚，经济制度并不完善，加之我国特有的生产经营组织形式——国有企业的存在，导致了众多中小企业融资较为困难。在此背景下，风险投资市场中风险投资机构一直处于卖方市场，较创业企业而言，风险投资机构拥有较大的选择权利，匹配地位并不完全平等，由此，风险投资机构与创业企业的信息不对称问题时有发生。例如，风险投资机构成为"门口的野蛮人"，架空创业企业家，甚至将其撵出创业企业；风险投资机构受到利益的驱使，利用信息优势和创业之初企业制度的不完善，窃取创业企业的创意或者技术。所以，就国家而言，近年来为了风险投资市场的健康发展，抑制资本邪恶的一面，出台众多规章制度。就创业企业来说，为防范道德风险的发生，也开始注重对风险投资机构的调查评估。

但是在理论研究方面，通过对风险投资机构评价指标体系的相关文献梳理发现，众多研究都从风险投资行业的角度出发，指向如何合理构建风险投资机构的评价指标体系，目的是为了对风险投资机构进行科学排名，而从创业企业的角度评价风险投资机构的文献却较少。比如，刘德学等（2002）从风险投资机构的业绩与经验、管理能力、人力资源和资产状况等四个方面出发，采用模糊评价方法，得出了 10 个指标对风险投资公司经营能力进行评价并排序；张世磊（2013）则从风险投资机构的募资管理能力、投资管理能力、增值服务能力和盈利能力的角度，利用 5 个一级指标、15 个二级指标和 39 个三级指标对风险投资机构的业绩进行评价；王林等（2014）从 LP 收益、政府信赖度、创业企业增值和大众认知四个维度出发，对风险投资机构的评价指标体系进行构建；等等。只有少量文献从创业企业的视角构建了风险投资机构的指标评价体系。如，陈希和樊治平（2010）利用公理设计的方法对风险投资商与风险企业的双边匹配问题时，采用投资额度、投资实力、投资成功率、信誉和企业家素质 5 个指标对风险投资商进行评价。阮永英（2016）也是在研究创投机构与创业企业的匹配时，构建了创投机构的评价指标，分别为投资意愿、投资实力和投资策略。汪兰林（2016）则构建企业实力、企业形象、成本因素和外界因素 4 个一级指标、8 个二级指标对风险投资商进行评价。

本书根据指标设计原则和风险投资市场的实际情况以及通过文献梳理、理论研究，构建了如图 5-2 所示的科技型小微企业对风险投资机构的评价指标体系。

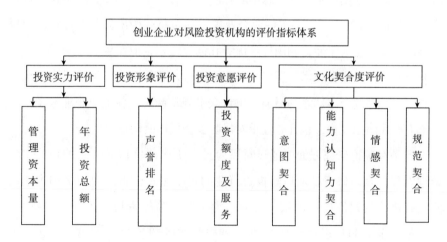

图 5-2　科技型小微企业对风险投资机构的评价指标体系

同样，该指标体系包括两类：其一为对风险投资机构的客观评价指标；其二为主观评价指标。

前者包含投资实力评价、投资形象评价、投资意愿评价 3 个一级指标，管理资本量、年投资总额、声誉排名、投资额度及服务 4 个二级指标。当科技型小微企业进行融资，对风险投资机构进行选择时，首先考虑的是风险投资机构是否具有一定的投资实力。而风险投资机构的管理资本量体现了募资管理能力，年投资总额则体现投资管理能力。强大的投资实力不仅会给科技型小微企业带来充裕的资金，还会带来优秀的企业管理经验以及背景资源。其次，科技型小微企业还会考虑风险投资机构的投资形象问题，本指标体系以声誉排名来衡量。声誉排名可以充分体现风险投资机构过往的投资经历，是否有"黑历史"，是否充当过"野蛮人"，是否唯利是图而不考虑科技型小微企业的长期发展等。最后，科技型小微企业会评估风险投资机构的投资意愿，因为意愿代表重视程度和满意度。根据投资额度以及提供增值服务的水平可以衡量风险投资机构的投资意愿，投资额度大、投资策略合理、提供了大量的增值服务，则代表风险投资机构的投资意愿强烈，对科技型小微企业满意度高。

后者包含 1 个一级指标即文化契合度，意图契合、能力认知力契合、情感契合、规范契合 4 个二级指标，为科技型小微企业对风险投资机构的主观评价指标。

5.4　指标的分类处理

本书构建的风险投资机构对科技型小微企业的评价指标和科技型小微企业对风险投资机构的评价指标，可以将其分为两类：一类为客观性评价指标；另一类为主观性评价指标。针对这两类指标本书采取得分变量、区间得分变量、语言变量、区间语言变量进行精确表达。例如，风险投资机构对科技型小微企业的客观评价指标中，企业家素质、管理经验和能力等可采用语言变量或区间语言变量来表示；利润增长率、资产增长率等指标可采用得分变量或区间得分变量来表示。具体指标的表示方法如表 5-2 和表 5-3 所示：

表 5-2　风险投资机构对科技型小微企业评价指标处理

一级指标	二级指标	类型	处理方法
团队评价	企业家素质	客观指标	区间语言变量
	管理经验与能力	客观指标	语言变量
	组织架构	客观指标	语言变量
成长评价	资产增长率	客观指标	区间得分变量
	利润增长率	客观指标	得分变量
前景评价	产品技术水平	客观指标	语言变量
	市场竞争与规模	客观指标	区间语言变量
文化契合度评价	意图契合	主观指标	得分变量
	能力认知力契合	主观指标	区间得分变量
	情感契合	主观指标	语言变量
	规范契合	主观指标	区间语言变量

表 5-3　　　　　　　　科技型小微企业对风险投资机构评价指标处理

一级指标	二级指标	类型	处理方法
投资实力评价	管理资本量	客观指标	得分变量
	年投资总额	客观指标	区间得分变量
投资形象评价	声誉排名	客观指标	语言变量
投资意愿评价	投资额度及服务	客观指标	区间得分变量
文化契合度评价	意图契合	主观指标	得分变量
	能力认知力契合	主观指标	区间得分变量
	情感契合	主观指标	语言变量
	规范契合	主观指标	区间语言变量

5.5　本章小结

VC-E 双边匹配评价指标是刻画双方匹配需求的重要载体，对获取稳定匹配方案的重要性不言而喻。本章从指标设计的一般原则出发，梳理国内外相关文献进行对比分析的同时，结合我国风险投资市场特性，对风险投资与科技型小微企业的互评指标体系进行了设计。风险投资机构对科技型小微企业的评价指标体系分为两类：一类为客观评价指标，包括 3 个一级指标，分别为团队评价、成长评价、前景评价。在这 3 个一级指标下，又包含 7 个二级指标，分别为企业家素质、管理经验与能力、组织架构，资产增长率、利润增长率，产品技术水平、市场竞争力与规模。另一类为主观评价指标，包括 1 个一级指标即文化契合度评价，4 个二级指标分别为意图契合、能力认知力契合、情感契合、规范契合。类似地，科技型小微企业对风险投资机构的评价指标体系也分为两类，分别为客观评价指标和主观评价指标，前者包含投资实力评价、投资形象评价、投资意愿评价 3 个一级指标，管理资本量、年投资总额、声誉排名、投资额度及服务 4 个二级指标。后者包含 1 个一级指标即文化契合度，意图契合、能力认知力契合、情感契合、规范契合 4 个二级指标。最后，本章针对不同的互评指标类型采用得分变量和语言变量对其进行了处理。

第6章

VC-E 稳定匹配算例分析

6.1 实际案例及数据

为了验证所构建 VC-E 稳定匹配模型的实用性和有效性，本书将用实例进行演算。在投融资系统中，投资中介公司专门从事风险投资机构与科技型小微企业的撮合交易，其利用双方对彼此的期望信息，加上自身对双方全面考察和客观分析的尽职调查信息，进行撮合交易，使之形成稳定的匹配对，从而获取收益。该投资中介通过投融资系统的信息传递发现，近期有 5 家风险投资机构（x_1, x_2, x_3, x_4, x_5）正在寻求科技型小微企业进行投资，有 7 家科技型小微企业（$y_1, y_2, y_3, y_4, y_5, y_6, y_7$）正在寻求融资。该投资中介搜集到了这 5 家风险投资机构和 7 家创业企业投融资需求的期望信息，并通过实际调查得到了双方的实际评估信息，准备利用 VC-E 的双边匹配模型对其进行匹配。

风险投资机构利用本书所构建的风险投资机构对科技型小微企业的评价指标体系，对科技型小微企业进行评价，进而得到对科技型小微企业的期望信息。风险投资机构从企业家素质 a_1、管理经验与能力 a_2、组织架构 a_3、资产增长率 a_4、利润增长率 a_5，产品技术水平 a_6、市场竞争与规模 a_7、意图契合 a_8、能力与认知力契合 a_9、情感契合 a_{10} 以及规范契合 a_{11}，共 11 项指标对科技型小微企业进行评价，并使用预先给定的语言短语集 S、$\bar{S}_\theta$ 与离散得分集 T、$\bar{T}_k$ 得到 11 项指标的期望信息，如表 6-1 所示。

同理，科技型小微企业依据本书构建的科技型小微企业对风险投资机构的评价指标体系，从管理资本量 b_1、年投资总额 b_2、声誉排名 b_3、投资额度及服务 b_4、意图契合 b_5、能力与认知力契合 b_6、情感契合 b_7 以及规范契合 b_8，8 项指标对风险投资机构进行评价，从而得到 8 项指标的期望信息，如表 6-2 所示。投资中介则根据双方的互评指标体系，对风险投资机构和科技型小微企业进行尽职调查，分别得到双方每项指标的实际评估信息，如表 6-3 和表 6-4 所示。

根据评价指标类型的不同，按照本书第 4.4 节的指标计算处理方法，利用语言短语集 $S = \{S_\theta : \theta = 0,1,2,\cdots,6\}$、$\bar{S_\theta}$ 和离散得分集 $T = \{1,2,3,4,5,6,7\}$、$\overline{T_k}$，对风险投资机构与科技型小微企业双方的期望信息以及投资中介得到的实际评估信息进行表示。其中，S_0 表示"极不满意"；S_1 表示"很不满意"；S_2 表示"不满意"；S_3 表示"一般"；S_4 表示"满意"；S_5 表示"很满意"；S_6 表示"极满意"。1 表示"极不满意"；2 表示"很不满意"；3 表示"不满意"；4 表示"一般"；5 表示"满意"；6 表示"很满意"；7 表示"极满意"。

表 6-1　　　　　　　　风险投资机构对科技型小微企业的期望信息

风险投资机构	x_1	x_2	x_3	x_4	x_5
a_1	$\{S_4,S_5,S_6\}$	$\{S_4,S_5,S_6\}$	$\{S_3,S_4,S_5,S_6\}$	$\{S_4,S_5,S_6\}$	$\{S_3,S_4,S_5,S_6\}$
a_2	不劣于 S_5	不劣于 S_4	不劣于 S_4	不劣于 S_5	不劣于 S_3
a_3	不劣于 S_5	不劣于 S_5	不劣于 S_5	不劣于 S_4	不劣于 S_3
a_4	不低于 6	不低于 4	不低于 5	不低于 5	不低于 4
a_5	$\{6,7\}$	$\{5,6,7\}$	$\{5,6,7\}$	$\{5,6,7\}$	$\{4,5,6,7\}$
a_6	不劣于 S_5	不劣于 S_5	不劣于 S_4	不劣于 S_5	不劣于 S_3
a_7	$\{S_5,S_6\}$	$\{S_4,S_5,S_6\}$	$\{S_4,S_5,S_6\}$	$\{S_4,S_5,S_6\}$	$\{S_3,S_4,S_5,S_6\}$
a_8	$\{6,7\}$	$\{5,6,7\}$	$\{4,5,6,7\}$	$\{5,6,7\}$	$\{4,5,6,7\}$
a_9	不低于 6	不低于 5	不低于 4	不低于 5	不低于 4
a_{10}	不劣于 S_5	不劣于 S_5	不劣于 S_4	不劣于 S_5	不劣于 S_3
a_{11}	$\{S_4,S_5,S_6\}$	$\{S_4,S_5,S_6\}$	$\{S_5,S_6\}$	$\{S_5,S_6\}$	$\{S_4,S_5,S_6\}$

表6-2 科技型小微企业对风险投资机构的期望信息

创业企业 y_1	y_2	y_3	y_4	y_5	y_6	y_7
b_1	不低于6	不低于6	不低于4	不低于5	不低于6	不低于5	不低于4
b_2	$\{6,7\}$	$\{4,5,6,7\}$	$\{5,6,7\}$	$\{6,7\}$	$\{5,6,7\}$	$\{5,6,7\}$	$\{4,5,6,7\}$
b_3	不低于6	不低于4	不低于5	不低于6	不低于4	不低于6	不低于4
b_4	不劣于 S_5	不劣于 S_4	不劣于 S_4	不劣于 S_5	不劣于 S_4	不劣于 S_5	不劣于 S_4
b_5	$\{S_5,S_6\}$	$\{S_4,S_5,S_6\}$	$\{S_4,S_5,S_6\}$	$\{S_4,S_5,S_6\}$	$\{S_3,S_4,S_5,S_6\}$	$\{S_4,S_5,S_6\}$	$\{S_3,S_4,S_5,S_6\}$
b_6	$\{6,7\}$	$\{5,6,7\}$	$\{5,6,7\}$	$\{4,5,6,7\}$	$\{5,6,7\}$	$\{6,7\}$	$\{4,5,6,7\}$
b_7	不劣于 S_5	不劣于 S_5	不劣于 S_4	不劣于 S_5	不劣于 S_4	不劣于 S_3	不劣于 S_3
b_8	$\{S_5,S_6\}$	$\{S_4,S_5,S_6\}$	$\{S_4,S_5,S_6\}$	$\{S_4,S_5,S_6\}$	$\{S_5,S_6\}$	$\{S_4,S_5,S_6\}$	$\{S_3,S_4,S_5,S_6\}$

表6-3 科技型小微企业的实际评估信息

创业企业 y_1	y_2	y_3	y_4	y_5	y_6	y_7
a_1	S_5	S_4	S_5	S_4	S_5	S_5	S_3
a_2	S_5	S_5	S_4	S_5	S_3	S_5	S_3
a_3	S_5	S_4	S_4	S_5	S_5	S_4	S_4
a_4	6	5	4	5	5	4	4
a_5	6	5	4	4	4	5	4
a_6	S_5	S_4	S_4	S_4	S_3	S_4	S_3
a_7	S_5	S_5	S_4	S_5	S_4	S_3	S_3
a_8	6	5	6	5	5	4	5
a_9	5	4	4	4	5	5	4
a_{10}	S_5	S_5	S_5	S_4	S_4	S_5	S_3
a_{11}	S_5	S_5	S_3	S_4	S_4	S_5	S_3

表6-4 风险投资机构的实际评估信息

风险投资机构	x_1	x_2	x_3	x_4	x_5
b_1	6	5	4	5	4
b_2	6	4	5	5	4
b_3	5	4	5	6	4
b_4	S_5	S_4	S_4	S_5	S_4

风险投资机构	x_1	x_2	x_3	x_4	x_5
b_5	S_5	S_4	S_5	S_4	S_3
b_6	5	4	4	5	4
b_7	S_5	S_5	S_4	S_5	S_4
b_8	S_5	S_5	S_3	S_3	S_4

6.2　计算过程和运算结果

首先，投资中介利用风险投资机构与科技型小微企业的期望信息和实际评估信息，依据本研究前文的个人和社会损益值计算公式，分别计算出风险投资机构对创业企业每项指标的个人损益值（如表 6-5 所示）和社会损益值（如表 6-6 所示），科技型小微企业对风险投资机构每项指标的个人损益值（如表 6-7 所示）和社会损益值（如表 6-8 所示）。

表 6-5　　　　　　　　　　**风险投资机构的个人损益值**

风险投资机构	y_1										
	a_1	a_2	a_3	a_4	a_5	a_6	a_7	a_8	a_9	a_{10}	a_{11}
x_1	0.000	0.000	0.000	0.000	0.000	0.000	0.000	0.000	-0.143	0.000	0.000
x_2	0.000	0.167	0.000	0.286	0.000	0.000	0.000	0.000	0.000	0.000	0.000
x_3	0.000	0.167	0.000	0.143	0.000	0.167	0.000	0.000	0.143	0.167	0.000
x_4	0.000	0.000	0.167	0.143	0.000	0.000	0.000	0.000	0.000	0.000	0.000
x_5	0.000	0.333	0.333	0.286	0.000	0.333	0.000	0.000	0.143	0.333	0.000
风险投资机构	y_2										
	a_1	a_2	a_3	a_4	a_5	a_6	a_7	a_8	a_9	a_{10}	a_{11}
x_1	0.000	0.000	-0.167	-0.143	-0.143	-0.167	0.000	-0.143	-0.268	0.000	0.000
x_2	0.000	0.167	-0.167	0.143	0.000	-0.167	0.000	0.000	-0.143	0.000	0.000
x_3	0.000	0.167	-0.167	0.000	0.000	0.000	0.000	0.000	0.000	0.167	0.000
x_4	0.000	0.000	0.000	0.000	0.000	-0.167	0.000	0.000	-0.143	0.000	0.000
x_5	0.000	0.333	0.167	0.143	0.000	0.167	0.000	0.000	0.000	0.333	0.000

风险投资机构	y_3										
	a_1	a_2	a_3	a_4	a_5	a_6	a_7	a_8	a_9	a_{10}	a_{11}
x_1	0.000	-0.167	-0.167	-0.286	-0.286	-0.167	-0.167	0.000	-0.286	0.000	-0.167
x_2	0.000	0.000	-0.167	0.000	-0.143	-0.167	0.000	0.000	-0.143	0.000	-0.167
x_3	0.000	0.000	-0.167	-0.143	-0.143	0.000	0.000	0.000	0.000	0.167	-0.333
x_4	0.000	-0.167	0.000	-0.143	-0.143	-0.167	0.000	0.000	-0.143	0.000	-0.333
x_5	0.000	0.167	0.167	0.000	0.000	0.167	0.000	0.000	0.000	0.333	-0.167

风险投资机构	y_4										
	a_1	a_2	a_3	a_4	a_5	a_6	a_7	a_8	a_9	a_{10}	a_{11}
x_1	0.000	0.000	0.000	-0.143	-0.286	-0.167	0.000	-0.143	-0.286	-0.167	0.000
x_2	0.000	-0.167	0.000	0.143	-0.143	-0.167	0.000	0.000	-0.143	-0.167	0.000
x_3	0.000	0.167	0.000	0.000	-0.143	0.000	0.000	0.000	0.000	0.000	-0.167
x_4	0.000	0.000	0.167	0.000	-0.143	-0.167	0.000	0.000	-0.143	-0.167	-0.167
x_5	0.000	0.333	0.333	0.143	0.000	0.167	0.000	0.000	0.000	0.167	0.000

风险投资机构	y_5										
	a_1	a_2	a_3	a_4	a_5	a_6	a_7	a_8	a_9	a_{10}	a_{11}
x_1	0.000	-0.333	0.000	-0.143	-0.286	-0.333	-0.167	-0.143	-0.143	-0.167	0.000
x_2	0.000	-0.167	0.000	0.143	-0.143	-0.333	0.000	0.000	0.000	-0.167	0.000
x_3	0.000	-0.167	0.000	0.000	-0.143	-0.167	0.000	0.000	0.143	0.000	-0.167
x_4	0.000	-0.333	0.167	0.000	-0.143	-0.333	0.000	0.000	0.000	-0.167	-0.167
x_5	0.000	0.000	0.333	0.143	0.000	0.000	0.000	0.000	0.143	0.167	0.000

风险投资机构	y_6										
	a_1	a_2	a_3	a_4	a_5	a_6	a_7	a_8	a_9	a_{10}	a_{11}
x_1	0.000	0.000	-0.167	-0.286	-0.143	-0.167	-0.333	-0.286	-0.143	0.000	0.000
x_2	0.000	0.167	-0.167	0.000	0.000	-0.167	-0.167	-0.143	0.000	0.000	0.000
x_3	0.000	0.167	-0.167	-0.143	0.000	0.000	-0.167	0.000	0.143	0.167	0.000
x_4	0.000	0.000	0.000	-0.143	0.000	-0.167	-0.167	-0.143	0.000	0.000	0.000
x_5	0.000	0.333	0.167	0.000	0.000	0.167	0.000	0.000	0.143	0.333	0.000

风险投资机构	y_7										
	a_1	a_2	a_3	a_4	a_5	a_6	a_7	a_8	a_9	a_{10}	a_{11}
x_1	−0.167	−0.333	−0.167	−0.286	−0.286	−0.333	−0.333	−0.143	−0.286	−0.333	−0.167
x_2	−0.167	−0.167	−0.167	0.000	−0.143	−0.333	−0.167	0.000	−0.143	−0.333	−0.167
x_3	0.000	−0.167	−0.167	−0.143	−0.143	−0.167	−0.167	0.000	0.000	−0.167	−0.333
x_4	−0.167	−0.333	0.000	−0.143	−0.143	−0.333	−0.167	0.000	−0.143	−0.333	−0.333
x_5	0.000	0.000	0.167	0.000	0.000	0.000	0.000	0.000	0.000	0.000	−0.167

表 6-6 风险投资机构的社会损益值

创业企业	$x_1 , x_2 , x_3 , x_4 , x_5$										
	a_1	a_2	a_3	a_4	a_5	a_6	a_7	a_8	a_9	a_{10}	a_{11}
y_1	0.000	0.133	0.100	0.171	0.000	0.100	0.000	0.000	0.030	0.100	0.000
y_2	0.000	0.133	−0.067	0.030	0.000	−0.067	0.000	0.000	−0.114	0.100	0.000
y_3	0.000	−0.030	−0.067	−0.114	−0.143	−0.067	0.000	0.000	−0.114	0.100	−0.233
y_4	0.000	0.133	0.100	0.030	−0.143	−0.067	0.000	0.000	−0.114	−0.067	−0.067
y_5	0.000	−0.200	0.100	0.030	−0.143	−0.200	0.000	0.000	0.030	−0.067	−0.067
y_6	0.000	0.133	−0.067	−0.114	0.000	−0.067	−0.167	−0.114	0.030	0.100	0.000
y_7	−0.100	−0.200	−0.067	−0.114	−0.143	−0.200	−0.167	0.030	−0.114	−0.233	−0.233

表 6-7 科技型小微企业的个人损益值

创业企业	x_1							
	b_1	b_2	b_3	b_4	b_5	b_6	b_7	b_8
y_1	0.000	0.000	−0.143	0.000	0.000	−0.143	0.000	0.000
y_2	0.000	0.000	0.143	0.167	0.000	0.000	0.000	0.000
y_3	0.286	0.000	0.000	0.167	0.000	0.000	0.167	0.000
y_4	0.143	0.000	−0.143	0.000	0.000	0.000	0.000	0.000
y_5	0.000	0.000	0.143	0.167	0.000	0.000	0.167	0.000
y_6	0.143	0.000	−0.143	0.000	0.000	−0.143	0.333	0.000
y_7	0.286	0.000	0.143	0.167	0.000	0.000	0.333	0.000

续表

创业企业	x_2							
	b_1	b_2	b_3	b_4	b_5	b_6	b_7	b_8
y_1	-0.143	-0.286	-0.286	-0.167	-0.167	-0.286	0.000	0.000
y_2	-0.143	0.000	0.000	0.000	0.000	-0.143	0.000	0.000
y_3	0.143	-0.143	-0.143	0.000	0.000	-0.143	0.167	0.000
y_4	0.000	-0.286	-0.286	-0.167	0.000	0.000	0.000	0.000
y_5	-0.143	-0.143	0.000	0.000	0.000	-0.143	0.167	0.000
y_6	0.000	-0.143	-0.286	-0.167	0.000	-0.286	0.333	0.000
y_7	0.143	0.000	0.000	0.000	0.000	0.000	0.333	0.000

创业企业	x_3							
	b_1	b_2	b_3	b_4	b_5	b_6	b_7	b_8
y_1	-0.286	-0.143	-0.143	-0.167	0.000	-0.286	-0.167	-0.333
y_2	-0.286	0.000	0.143	0.000	0.000	-0.143	-0.167	-0.167
y_3	0.000	0.000	0.000	0.000	0.000	-0.143	0.000	-0.167
y_4	-0.143	-0.143	-0.143	-0.167	0.000	0.000	-0.167	-0.167
y_5	-0.286	0.000	0.143	0.000	0.000	-0.143	0.000	-0.333
y_6	-0.143	0.000	-0.143	-0.167	0.000	-0.286	0.167	-0.167
y_7	0.000	0.000	0.143	0.000	0.000	0.000	0.167	0.000

创业企业	x_4							
	b_1	b_2	b_3	b_4	b_5	b_6	b_7	b_8
y_1	-0.143	-0.143	0.000	0.000	-0.167	-0.143	0.000	-0.333
y_2	-0.143	0.000	0.286	0.167	0.000	0.000	0.000	-0.167
y_3	0.143	0.000	0.143	0.167	0.000	0.000	0.167	-0.167
y_4	0.000	-0.143	0.000	0.000	0.000	0.000	0.000	-0.167
y_5	-0.143	0.000	0.286	0.167	0.000	0.000	0.167	-0.333
y_6	0.000	0.000	0.000	0.000	0.000	-0.143	0.333	-0.167
y_7	0.143	0.000	0.286	0.167	0.000	0.000	0.333	0.000

续表

创业 企业	x_5							
	b_1	b_2	b_3	b_4	b_5	b_6	b_7	b_8
y_1	-0.286	-0.286	-0.286	-0.167	-0.333	-0.286	-0.167	-0.167
y_2	-0.286	0.000	0.000	0.000	-0.167	-0.143	-0.167	0.000
y_3	0.000	-0.143	-0.143	0.000	-0.167	-0.143	0.000	0.000
y_4	-0.143	-0.286	-0.286	-0.167	-0.167	0.000	-0.167	0.000
y_5	-0.286	-0.143	0.000	0.000	0.000	-0.143	0.000	-0.167
y_6	-0.143	-0.143	-0.286	-0.167	-0.167	-0.286	0.167	0.000
y_7	0.000	0.000	0.000	0.000	0.000	0.000	0.167	0.000

表 6-8　　　　　　　　　　科技型小微企业的社会损益值

风险投 资机构	$y_1,y_2,y_3,y_4,y_5,y_6,y_7$							
	b_1	b_2	b_3	b_4	b_5	b_6	b_7	b_8
x_1	0.122	0.000	0.000	0.095	0.000	0.000	0.143	0.000
x_2	-0.020	-0.143	-0.143	-0.071	0.000	-0.143	0.143	0.000
x_3	-0.163	0.000	0.000	-0.071	0.000	-0.143	-0.024	-0.190
x_4	-0.020	0.000	0.143	0.095	0.000	0.000	0.143	-0.190
x_5	-0.163	-0.143	-0.143	-0.071	-0.143	-0.143	-0.024	-0.024

　　然后，根据上表中风险投资机构和科技型小微企业的个人和社会损益值，通过本研究依据前景理论所构建的价值函数公式，分别计算其综合前景值。其中，公式中 τ 的值取 0.5，意味着风险投资机构和科技型小微企业在做决策时，一半受到自身因素影响，一半受到匹配环境因素的影响，是折中的取法。指标权重集 u^x 设为 $u_1^x = 0.2$，$u_2^x = 0.15$，$u_3^x = 0.15$，$u_4^x = 0.1$，$u_5^x = 0.1$，$u_6^x = 0.05$，$u_7^x = 0.05$，$u_8^x = 0.05$，$u_9^x = 0.05$，$u_{10}^x = 0.05$，$u_{11}^x = 0.05$；u^y 设为 $u_1^y = 0.2$，$u_2^y = 0.15$，$u_3^y = 0.15$，$u_4^y = 0.1$，$u_5^y = 0.1$，$u_6^y = 0.1$，$u_7^y = 0.1$，$u_8^y = 0.1$。计算结果如表6-9和表6-10所示。

表 6-9 科技型小微企业的综合前景值

创业企业	x_1	x_2	x_3	x_4	x_5
y_1	−0.021	−0.332	−0.377	−0.168	−0.508
y_2	0.058	−0.159	−0.237	−0.034	−0.316
y_3	0.085	−0.138	−0.156	0.031	−0.277
y_4	0.017	−0.229	−0.287	−0.059	−0.394
y_5	0.068	−0.177	−0.232	−0.044	−0.323
y_6	0.014	−0.220	−0.252	−0.029	−0.365
y_7	0.109	−0.055	−0.087	0.073	−0.167

表 6-10 风险投资机构的综合前景值

风险投资机构	y_1	y_2	y_3	y_4	y_5	y_6	y_7
x_1	0.034	−0.128	−0.288	−0.130	−0.261	−0.197	−0.515
x_2	0.075	−0.043	−0.177	−0.086	−0.151	−0.095	−0.402
x_3	0.081	−0.027	−0.180	−0.037	−0.146	−0.084	−0.358
x_4	0.067	−0.033	−0.207	−0.068	−0.186	−0.094	−0.426
x_5	0.140	0.072	−0.035	0.063	−0.027	0.035	−0.186

最后,为了获取风险投资机构与科技型小微企业的稳定匹配,要使双方的满意度最大化,即双方的综合前景值最大化。此时需要引进竞争度系数 ω_x 与 ω_y,将多目标优化模型转化为单目标优化模型进行求解。根据风险投资机构与科技型小微企业的数量,ω_x 的值为 0.58,ω_y 的值为 0.42。

利用 LINGO12.0 软件编程求解,其优化结果见表 6-11:

表 6-11 匹配优化结果

	y_1	y_2	y_3	y_4	y_5	y_6	y_7
x_1	1	0	0	0	0	0	0
x_2	0	0	0	0	1	0	0
x_3	0	0	1	0	0	0	0
x_4	0	1	0	1	0	1	0
x_5	0	0	0	0	0	0	1

所以最终的匹配结果为：(x_1, y_1)、(x_2, y_5)、(x_3, y_3)、(x_4, y_2)、(x_4, y_4)、(x_4, y_6)、(x_5, y_7) 即 x_1 与 y_1 匹配；x_2 与 y_5 匹配；x_3 与 y_3 匹配；x_4 与 y_2、y_4、y_6 匹配；x_5 与 y_7 匹配。

6.3　本章小结

由上述算例分析过程和结果可知，本书所构建的基于投融资网络系统的风险投资机构与科技型小微企业双边匹配决策模型和算法，可以在市场实践中得出稳定且满意的匹配结果。且该匹配结果考虑到风险投资机构和科技型小微企业的需求信息多元化，以及匹配过程中主体会受到匹配环境因素的影响，所以具有很强的科学性和适用性，这不仅在一定程度上缓解了双方由于信息不对称而带来的问题，还对风险投资机构和科技型小微企业做出合理决策以及投资中介提高收益具有一定的借鉴意义。

第7章

Partnering 模式下匹配伙伴选择、VC-E 匹配度与技术创新绩效关系研究

目前中国经济正经历由高速增长阶段到高质量发展阶段的转变，培育经济发展创新动能是实现经济发展方式转型的关键。科技型小微企业是培育创新动能的微观主体，是实现经济高质量发展的微观基础。由于科技型小微企业从事的创新活动具有正外部性，高不确定性以及信息不对称和委托代理冲突性等问题，导致小微企业自身资金难以支持技术创新的完成，必须借助外源融资渠道支撑企业的发展。风险投资作为向创新型企业提供融资来源的重要金融创新，其在我国投资规模得以不断壮大，已然成为技术创新资金来源并激励企业创新投入、孵化经济发展新动能的着力点。风险投资实质是以高成长、高风险的创新型企业为投资对象并实施专业化管理的权益式投资。与创新企业共生共荣，其促进企业创新的功能甚至超越传统金融的融资功能。如果把创新行为视为企业的正外部性产出，是一种"增值行为"，那么风险投资可被视为推动企业技术创新的"天使"。正如（Lee Tom Perry，1988；Gorman & Sahlman，1989）的研究结论所示，风险投资能为创新企业带来足够的外源融资，缓解融资约束对于企业研发投入的阻碍，同时其利用自身的智力资本为企业带来非资本增值服务，向企业提供如技术支持、管理咨询、发挥认证等作用，从而促进企业技术创新。但是风险投资自身的资本属性必然存在"逐利"的目的，其导致追求短期

利润收益的"攫取"行为在客观上阻碍了技术创新的发展。正如陈工孟等（2011）的研究结果所言，风险投资在介入企业时存在追逐短期利润的行为，这对企业技术创新发展极为不利。由此可见，风险投资与企业之间的关系非常复杂，是"增值"还是"攫取"至今学术界尚未形成共识。随着创新创业战略的兴起，风险投资因与技术创新的共生关系再次成为学术界的焦点。已有文献的研究基本上从资金供给的视角，立足委托代理理论、信号理论等针对风险投资过程中出现的代理问题、信息不对称的问题进行研究。而基于资金需求的视角研究风险投资的文献却比较稀少。但在现实中，风险投资与创新企业之间是一个相互匹配的过程，不仅风险投资家在筛选、识别、孵化优质企业，而且是否引入风险投资、何时引入风险投资以及采用何种策略引入风险投资亦是创新企业在发展过程中的一项重大决策。在现今中国的制度环境下，企业的社会资本是一种非常重要的资源，必然对企业匹配伙伴选择策略产生重要影响，为此，基于创新企业视角研究风险投资家与创业企业家之间的双边匹配关系具有重要的理论意义和实践价值。

通过对现有文献进行梳理和归纳，国内外对 Partnering 模式的研究成果主要集中概念、绩效、核心因素和实践应用等。将 Partnering 模式应用在风险投资领域尚属首次。风险投资家与创业企业家之间由于存在信息不对称与逆向选择问题，因此机会主义行为成为双方关系的一个典型特征。缺乏信任与无效沟通等因素造成风险投资家与创业企业家之间的冲突问题一直困扰着风险投资产业的发展，双方之间这种对抗性关系严重阻碍企业的技术创新能力的提升，从而导致科技型小微企业的经营绩效低下。Partnering 模式是国际上盛行的一种新型的工程项目管理模式，其主要目的在于促进合作伙伴建立互惠共存的态度，来改变原有因利益目标不一致而造成的敌对关系。将其引入风险投资领域可有效化解风险投资家与创业企业家之间的利益冲突，形成稳定合作关系，进而提升技术创新绩效。本书将风险投资与科技型小微企业视为合作伙伴关系，在互惠共生基础上分析

Partnering 模式下创业企业家如何选择风险投资家，并形成稳定匹配关系，进而影响企业的技术创新绩效。

7.1　理论基础

7.1.1　Partnering 模式

现有文献研究结果显示，学者们对 Partnering 模式的理解并不统一，研究视角各具特色。其概念的界定主要涉及四个方面。第一，基于合作关系的视角对 Partnering 模式的内涵进行界定。如 Partnering 模式是一种可以减少冲突，降低成本和工期压力的合作方式（Cowan，1991）；Partnering 模式是一种为实现特定商业目标二最大化各参与组织资源的管理方式（Bennett & Jayes，1995）；或者将 Partnering 模式直接界定为不同组织之间建立一种良好合作关系的过程（Chan et al.，2003b）。第二，从揭示 Partnering 模式的路径与机理的角度刻画其内涵。如 Partnering 模式是在工程项目参与方之间通过相互承诺与沟通建立的一种非对抗性合作关系的管理模式（Cheung et al.，2003a）；或者是为提高项目经营绩效，构建的一种基于信任与共享的共赢性项目管理模式（Cheung et al.，2003b）。此研究视角的概念界定重点突出信任、承诺、共享、共赢等社会关系属性的合作关系方式。第三，从构成要素角度刻画 Partnering 模式概念含义。斯卓姆（Nystrom，2005）指出，Partnering 模式构成的核心要素是信任和相互理解，其他要素如激励机制、团队精神、伙伴选择、信息共享等亦产生影响；杨等（Yeung et al.，2007）则认为，Partnering 模式构成要素分为硬要素和软要素两类。其中硬要素包括契约、收益分配、风险分散等。软要素包括信任、承诺、沟通和共享等。第四，从合作流程角度界定 Partnering 模式。诸如鲁和严（Lu & Yan，2007）的研究指出，Partnering 模式是基于共同目标实现的一系列结构化程序，如协议、冲突解决机制、持续改进机制等。

基于上述分析可知，Partnering 模式概念的界定各具所长，但未能全面涵盖其内涵。本书因考虑到风险投资与科技型小微企业运作特点，故采用美国建筑行业协会对 Partnering 模式的界定。即"在两个或以上的参与主体间，为了共同的商业目的，通过最充分利用各自的有效资源而承诺的一种长期合作关系，在这种承诺下，参与各方需要打破以往对抗的局面，转而建立一种超越传统组织边界的协同合作关系，这种跨组织的合作关系中的成员能相互理解并认同彼此的期望和价值，有共同目标且相互信任。通过充分沟通，实现资源和信息共享，最终达到提高工作效率和长期收益，激励创新、持续改进产品和服务质量的目标。"

7.1.2　Partnering 模式下匹配伙伴选择

关于 Partnering 模式下的伙伴选择问题，现有文献从多个角度进行了诠释。国外学者主要立足伙伴选择的影响因素进行研究。安娜·卡迪弗斯等（Anna Kadefors et al.）的研究结果显示，选择伙伴的标准基于传统项目，影响因素包括能力、技术竞争优势、经济和质量安全绩效等。Wong et al. 指出，伙伴选择需重点关注伙伴素质和处理复杂不确定性的能力等两方面。瑞典学者埃里克森（Per Erik Eriksson）通过运用案例研究方法，提出伙伴选择的 8 个过程要素，并应用结构方程模型对要素之间的关系进行验证。研究结论显示，合伙伙伴之间关系的稳定取决于基于任务能力评估的合作伙伴选择策略。合作伙伴选择策略作为一种调节变量，选择具有任务能力的合伙伙伴更容易建立稳定的合作关系。Mattias 认为经过几十年的发展，Partnering 模式的核心不应是产品和服务，而是参与者之间的心态越来越重要，重视合作组织协调方面的风险管理是合作关系稳定的重要因素。艾伯特（Albert P. C.）通过案例研究发现，伙伴选择的关键指标应是有效地解决矛盾、丰富资源网络、高层管理者的支持、相互信任、长期承诺、有效沟通、有效协调等。国内学者的研究视角主要在于伙伴选择的指标体系构建。王舜等的研究结果指出，与传统项目合作伙伴选择方式不同，Partnering 模式下伙伴选择不看重项目报价，而是看重关于合作伙伴的社会属性指标如合作能力、组织能力、学习能力与信息沟通能力等。这些软性指标是决定合作关系是否稳定的关键因素。徐雷等人将伙伴选择划分为信任程度、有效沟通、共赢态度和技术水平等四个维度，将合作关系作为中介变量，实证研究伙伴选择对项目绩效的影响机理以及合作关系的中介效应。祝天一等构建了 8 个维度的伙伴选择指标体系，即相互信任、有效沟通、高层管理支持、共赢态度、对合作过程的定期检测情况、成本控制、工程质量、创新等。

本书根据国内外相关的研究成果，依据风险投资和科技型小微企业之间合作的特性，立足交易成本理论和社会交换理论，从风险投资家的研究角度梳理和归纳出 Partnering 模式下匹配伙伴选择标准分为信任程度、有效沟通、共赢态度、网络能力等四个维度。

7.1.3 VC-E 匹配度

匹配度（Fit）广泛应用在战略管理、人力资源管理、战略联盟等领域的研究文献之中。VC-E 之间的匹配度属于合作伙伴之间双向对偶视角下的伙伴间匹配性问题。即将两个组织之间双向选择结对进而相互合作作为假设前提，探讨两个合作伙伴的属性如何匹配以促进交易关系的建立和持续发展等问题，亦是认为良好的合作关系的建立和持续发展是由合作双方的能力、资源、战略、文化等方面的契合度和偏好共同决定的。VC-E 匹配度刻画了风险投资家和小微企业家之间的合作关系建立的程度。两者之间的合作过程正如"找对象"结婚的过程。结婚对象的匹配度对后续婚姻关系的好坏无疑起着关键的影响作用。与此相似，风险投资家与小微企业家之间的匹配度也会对后续的合作关系质量起着决定性的影响作用。从现有文献研究结果显示，合作伙伴匹配度问题的研究者主要从伙伴间相互依赖性等多个视角来揭示伙伴间匹配度的内涵，诸如资源互补性和相似性（Rothaermel & Boeker，2008），先前的合作关系（Gulati & Gargiulo，

1999）、地域相邻性（Reuer & Lahiri，2014）、网络结构位置相似性（Ahu-ja et al.，2009）等。本书研究 Partnering 模式下匹配伙伴选择对 VC-E 匹配对及技术创新绩效的影响机制问题，主要从风险投资家与小微企业家双向对偶视角下探讨双方之间的匹配性。由于风险投资家和小微企业家之间本身具有不同的社会属性、文化价值理念，在此背景下平衡和匹配风险投资家和小微企业家双方不同的利益目标、文化理念以及资源和能力禀赋至关重要，这样才能创造出互惠双赢的局面。鉴于此，本书将 VC-E 匹配度界定为风险投资家和小微企业家之间在目标、文化和创新资源等合作要素特征方面的适配状态。

对于伙伴匹配度的维度的划分，学界尚未形成共识。杰米森和西特金（Jemison & Sitkin，1986）将伙伴匹配度分为战略匹配和组织匹配；萨卡尔等（Sarkar et al.，1997）将伙伴匹配度划分为三个维度，即伙伴间战略目标的相容性、资源互补性、领域一致性；杜马等（Douma et al.，2000）将伙伴匹配度分为五个维度，即战略匹配、组织匹配、人力资源匹配、运营匹配、文化匹配等；权（Kwon，2007）立足合资企业，将伙伴匹配度分为战略适应性、战略互补性和组织文化相容性等三个维度。国内学者关于伙伴匹配性维度的研究尚属起步阶段。吉莉（2009）分别从文化匹配、管理匹配、资源匹配、能力匹配等四个层面构建匹配指标体系研究非营利组织的伙伴匹配问题；武志伟等（2005）从关系认知视角将伙伴匹配度划分为目标相关性、文化相容性、资源互补性等三个维度；赵岑和姜彦福（2010）在总结以往研究结果的基础上，将企业战略联盟伙伴的匹配指标归纳为资源互补度、战略目标相容度、文化协同度、联盟前联系度等四个维度。本书立足风险投资家与科技型小微企业家合作关系的情境，在借鉴已有研究成果的基础上，将 VC-E 匹配度划分为目标协同性、文化契合度、创新资源互补等三个维度。

7.1.4 技术创新绩效

企业技术创新绩效主要用于描绘企业技术创新的成果。高建（2004）

率先提出技术创新绩效的概念，将技术创新绩效定义为技术创新成果对企业成功的贡献，这个贡献包括了技术创新过程的绩效和技术创新产出的绩效。虽然有了对技术创新的定义，但是国内外对于企业技术创新绩效的评价指标尚没有一个完善的评测体系，依然处于不断探索的阶段中。一般情况下运用企业创新投入产出效率或产出结果来体现技术创新的绩效。韦斯特曼和克里（Westerman & Curly, 2008）通过对 IT 行业的研究，采用创新过程和创新产出两个关键指标评价企业技术创新绩效；杰斐逊（Jefferson, 2006）将技术创新绩效界定为企业技术创新投入的产出结果，通过产出结果来衡量企业创新绩效；霍普林等（Hoplinet al., 2010）研究显示技术创新绩效不仅仅是产出结果，而是从新理念的提出、资源投入、研发制造一直到产品市场化的所有环节和阶段；盛亚（2008）强调企业技术创新绩效是指在一段经营周期内，企业通过技术创新所产生的增值收益，是产品和技术收益的综合，因此，盛亚采用市场绩效和技术绩效综合衡量企业技术创新绩效；尹建海（2008）创造性地应用平衡计分法衡量企业技术创新绩效；尹建海从技术创新投入、管理、效果、财务以及社会效益五个方面开拓性地建立了企业技术创新绩效评价体系，应用这个体系评价企业技术创新绩效更接近于现实。通过大量的文献分析可以发现，当前学术界对于企业技术创新绩效的评价主要侧重于关注创新产出绩效。事实上，创新过程的绩效对于企业技术创新绩效的贡献也是巨大的。因为企业技术创新的能力处于一个不断提升、动态发展的过程，并不是一个恒定的量，整个创新过程才能真正反映一个企业的创新管理水平。从某种意义上，创新过程绩效才代表了企业未来的创新发展实力。

综上所述，综合高建和盛亚的理论研究，本书将科技型小微企业技术创新绩效分为技术创新能力和技术创新产出两个维度进行评测。技术创新能力反映了技术创新管理的全过程，是一个过程变量。技术创新产出主要指技术创新的最终结果，例如申请专利数量、科研文章数量以及产品产量等，是一个结果变量。

7.2 研究假设

7.2.1 Partnering 模式下匹配伙伴选择与 VC-E 匹配度的关系

资本市场中，风险投资是支持科技型小微企业发展的关系型融资模式，不仅能化解小微企业的融资困境，拓展企业的融资渠道，而且能以非货币增值服务的方式帮助企业建立市场网络，提高管理技能，实现企业转型升级。换而言之，小微企业的成功需要风险投资的金融资本和智力资本的协同支持。但是现实数据显示，风险投资与科技小微企业之间因利益目标不一致导致合作关系不稳定，两者的对抗关系成为常态，进而导致技术创新效率低下。达斯和乔（Das S. R.，Jo H.，2011）等的研究结论指出，风险投资过程实质上存在双重的委托代理关系。即投资者与风险投资家之间存在第一层代理关系，投资者是委托人，风险投资家是代理人。风险投资家与小微企业家存在第二层代理关系，此时风险投资家作为委托人，而小微企业家则是代理人。风险投资的双重委托代理关系均存在因信息不对称而产生严重的代理问题，另外第二层代理关系还会产生道德风险问题。具体表现为：第一，小微企业家为追逐私人收益而损害风险投资家的利益；第二，小微企业家的工作懈怠而造成的风险投资家投资收益受损；第三，风险投资家与小微企业家因利益目标的非一致性导致情感冲突，合作关系由此破裂形成非有效持续性交易问题。因此风险投资家与小微企业家双向匹配伙伴选择是必然之事。

根据交易成本理论，合作双方交易过程应该与交易属性相匹配才能发挥最大效率。风险投资是一种关系型融资，与科技型小微企业建立合作关系的过程实质是双方企业边界人建立合作关系的过程。风险投资机构与企业之间的匹配问题可转化为风险投资家和小微企业家之间的匹配问题。与其他市场资源匹配方式不同，风险投资市场是缺乏均衡价格引导的市场，风险投资家与创业企业家之间通过分散化议价实现匹配进而建立合作关系。基于分散议价的市场关系主要通过严密的契约设计和严格的监控措施来保障合作关系的稳定，因事前订立的契约条款具有不完全特性，导致这些契约内容可能造成风险投资或科技型小微企业产生机会主义行为倾向，双方彼此之间因利益目标冲突而形成对抗性关系，进而影响企业的技术创新绩效。埃里克森立足交易成本理论，根据资产专用性和交易次数之间的关系构建交易模型，指出随着资产专用性程度增加，交易双方应加强彼此之间的信任以化解合作伙伴的机会主义倾向，同时交易双方之间随着交易次数的增多，彼此之间相互依赖的程度加深，进而增加信任程度。

本书依据现有文献将伙伴选择分为信任程度、有效沟通、共赢态度、网络能力等四个维度来测量。在风险投资市场，风险投资与小微企业之间的信任程度对影响风险投资家选择匹配伙伴有着重要影响。创业企业一般存在新生者劣势的特征，常常伴随有资源匮乏、缺乏健全的内部组织架构、企业声誉有限、缺乏宽泛的社会网络等现象。与提供资金相比，风险投资家的非货币增值服务更能帮助企业提升价值。按照资源基础理论和社会网络理论，风险投资家拥有丰富的金融资源和专业技能以及某些行业经验，通过参与创业企业的日常经营管理，为企业提供管理咨询，帮助企业快速成长。但是风险投资增值服务产生效率的前提是双方需形成稳定的匹配关系。巴特·贾加尔和刘（Bat Jargal & Liu，2004）研究发现，创业企业面临高不确定性条件时，风险投资选择匹配伙伴的首要因素是企业是否值得信任，信任程度是决定风险投资家与创业企业家匹配度的关键因素。克莱尔和萨皮恩扎（Clercq & Sapienza，2006）研究发现，风险投资家与创业企业家之间的信任程度会影响风险投资对创业企业的投入程度，进而影响其对投资项目的风险判断。叶瑛等（2009）深入研究风险投资家和创业企业家之间的信任对企业经营绩效的影响。基于上述的分析，本书提出如下假设：

假设 1：Partnering 模式下匹配伙伴信任程度对 VC-E 匹配度具有正向影响。

在风险投资家进行投资项目决策的过程中，会基于理性的决策分析对小微企业家的相关信息进行分析，并将企业家的行为、结果与社会规范和价值理念进行匹配，期望选择出稳定的合作伙伴以实现预期投资收益（Baron，2008）。具有优秀沟通能力的企业家往往容易吸引风险投资家的青睐，因为他们卓越的沟通能力善于将自家企业的经营理念进行全面透彻的展现，进而拓展小微企业家的社交网络并使其显得更具有说服力。相反，缺乏有效沟通的小微企业往往处于不确定的环境之中，风险投资家会认为小微企业家本人不具备强烈的自信力，或者企业家所表述的企业价值观和理念难以得到风险投资家的理解和认同（Cardon，2008），即风险投资家和小微企业家未实现双边匹配。基于此，提出假设：

假设 2：Partnering 模式下匹配伙伴有效沟通对 VC-E 匹配度具有正向影响。

风险投资领域中的风险投资家与创业企业家间稳定合作关系问题一直是学者们关注的重点。尤其是双方对合作持有的共赢态度是决定合作关系是否长期持续的关键因素。小微企业在初建阶段往往面临各类资源的匮乏，不仅需要企业运作的初始资金，而且还需消耗大量资源支撑企业快速扩张。所以能否获得所需外部资源成为小微企业取得生存并持续成长的核心能力。上田（Ueda M.，2010）立足创业企业，研究当创业企业面临两种及两种以上的融资模式时，共赢态度、信息共享等社会因素对企业选择融资方式有重大影响。因此，风险投资家与小微企业家之间的合作不仅考虑交易属性，还需考虑社会属性，这与风险投资"真实世界"的运行规律相吻合。鉴于上述分析，本书借鉴了 Fairchild（2012）在创业企业选择匹配伙伴的研究方法后，提出以下的研究假设：

假设 3：Partnering 模式下匹配伙伴共赢态度对 VC-E 匹配度具有正向影响。

随着信息技术的发展，企业网络能力对自身经营绩效的提升有着深远的影响。企业网络能力的概念最早是由坎松（Hakansson）提出的。里特尔（Ritter）将其称为网络胜任力。风险投资与小微企业之间匹配关系是网络关系的一种特殊形式。他们之间的网络关系代表了彼此之间的嵌入方式和程度，这关系小微企业获取创新资源的数量和质量。科尔曼（Coleman）的研究结论显示，网络能力可以为合作伙伴之间带来承诺和信任等情感资源，有利于信息和知识在合作伙伴之间流动和共享，进而促进合作伙伴之间的匹配度。在中国人情社会的背景下，网络关系强度更是推动企业之间合作关系的催化剂。从交易成本视角看，如果合作企业之间在资源、价值理念、文化等方面差异过大，必将削弱网络成员间的关系，并严重阻碍合作企业间的有效沟通和信息共享，从而增加交易成本（Chunlei Wang et al.，2014）。换言之，合作企业的网络能力利于消除合作伙伴之间的差异因素，降低合作双方交易成本，进而提高双方的匹配度。基于此，提出如下假设：

假设 4：Partnering 模式下匹配伙伴网络能力对 VC-E 匹配度具有正向影响。

7.2.2　Partnering 模式下匹配伙伴选择与技术创新绩效的关系

科技型小微企业是我国经济发展的核心力量，在扩大就业、增加税收、稳定社会等方面发挥着重要的作用。但是对于科技型小微企业而言，普遍存在技术能力薄弱、资源利用效率低下、市场广度与深度有限的问题。要想成功进行商业化运作，与风险投资合作是一种理想的发展方式。既可获得金融资本化解融资"瓶颈"，又可借助风险投资家的智力资本提升自身的管理能力。通过与风险投资的有效匹配可以实现协调性共享，达到规模经济和范围经济。依据上文所述，匹配伙伴选择包括信任程度、有效沟通、共赢态度、网络关系强度等四个维度的测量，下面依次论述匹配伙伴选择与技术创新绩效的作用关系。

对于小微企业而言，合作伙伴之间信任程度越高，越利于加强风险投资与小微企业之间的匹配关系，促进双方知识信息的交流共享，帮助企业整合优势创新资源，从而提高小微企业的创新能力和创新产出。风险投资家与小微企业家之间的信任程度是双方对彼此之间行为充满信心和积极期望的一种共享心理状态（陈叶峰等，2010）。根据社会交换理论，工作过程中参与个体间通过相互交换理念，从而建立稳定匹配关系。参与个体在工作中求同存异，逐渐形成统一的价值观。已有研究发现，信任程度与企业技术创新绩效显著正相关。一方面，风险投资家与小微企业家之间的信任关系能增加彼此的相互依赖与归属感，增强彼此的心理安全感，进而促进双方创新资源与信息的共享程度，使创业企业技术创新效率增加；另一方面，风险投资与小微企业之间信任程度越高，双方凝聚力越强，越有利于双方整合彼此优势创新资源，共同面对技术创新过程中的困难与风险，提高创新绩效（Buvikm P.，Rolfsen M.，2015）。因此，本研究提出以下假设：

假设 5：Partnering 模式下匹配伙伴信任程度对技术创新绩效具有正向影响。

良好的沟通利于交易伙伴合作行为的顺利实施。风险投资市场中，风险投资家和创业企业家存在良好的合作愿景，也存在知识产权保护、利益侵蚀等顾虑，这些顾虑对双方展开合作产生阻碍作用，妨碍知识与信息共享。从社会资本角度来看，合作伙伴之间的有效沟通是资源共享的必要途径。库尔潘（Culpan，2017）指出，合作伙伴之间的有效沟通对知识共享、知识转移和知识创造有着重要的影响作用。通过有效沟通可交换彼此不同类型的信息，提高双方显性知识的可利用性和隐性知识的可获得性，有助于企业提升创新能力。对于风险投资家和创业企业家这对特定的合作关系，有效沟通能改善信息不对称问题，降低企业创新项目的不确定性，形成一种向心凝聚力，将企业整体利益放在首位。同时，创业企业家可借助风险投资家的关系网络积累创新知识存量，并构建竞争优势。因此，有效沟通能加强风险投资家与创业企业家之间的相互理解和相互包容，减缓对抗性矛盾，增加关系专用资产的投入，预防彼此之间的机会主义行为，进一步提高企业技术创新绩效。基于此，提出如下假设：

假设 6：Partnering 模式下匹配伙伴有效沟通对技术创新绩效具有正向影响。

风险投资家与小微企业家之间匹配伙伴得以长久持续的一个重要前提是合作组织间实现互利共赢。共赢态度就是合作伙伴在交易行为中彼此兼顾各方利益和目标，能够有效解决合作过程中产生的各种矛盾，增加彼此的依赖程度。风险投资家与小微企业家之间的共赢态度对技术创新项目的复杂程度、不确定性、高风险起到缓解作用。同时为合作双方营造一个和谐、融洽的环境，减少彼此机会主义行为，激发创新积极性。布瑞恩（Brian）研究结论显示，合作组织成员间共赢态度对企业绩效产生积极作用。同时基于共赢态度建立起来的合作关系比单纯通过契约建立起来的合作关系更能激发合作伙伴的工作热情，提高技术创新绩效。基于此，提出如下假设：

假设 7：Partnering 模式下匹配伙伴共赢态度对技术创新绩效具有正向影响。

从现代企业技术创新流程来看，科技型小微企业的技术创新经过对产品市场和外部资源网络中的各种资源进行筛选与识别，有效感知创新机会并捕捉创新机会、学习消化外部创新资源并与企业自身知识存量进行重构和整合等阶段，最后完成技术创新。因此，从科技型小微企业技术创新过程来看，网络能力是获取外部资源的关键因素。一般而言，网络能力越强，科技型小微企业接触和获取外部创新资源及创新机会的概率越大，越能促进企业技术创新。科技型小微企业与风险投资的关系是一种特殊的社会关系网络，借助风险投资家的网络资源，创业企业家可拓展自身的网络关系，增强网络关系强度。在 Partnering 模式下匹配伙伴选择实质上就是构建合作双方的网络关系，网络能力有助于促进企业共生行为，进而提升企业技术创新绩效。马斯克尔（Maskell）等认为创新不是孤立的行为。企业在创新过程中需要与外部资源进行整合和交换，包括显性知识和隐性知识，当显性知识获取门槛较低时，独特能力和独特产品的创造将依赖隐性知识的产生和使用。济（Tsai，2001）研究认为，网络能力越强的企业越有机会获得较多的信息源，越能够得到对技术创新更有价值的知识和信息，从而有利创新。为此，提出假设：

假设 8：Partnering 模式下匹配伙伴网络能力对技术创新绩效具有正向影响。

7.2.3 VC-E 匹配度与技术创新绩效的关系

风险投资市场众多案例显示，风险投资家与小微企业家建立合作关系之前双方是否选择一个匹配或适宜的合作伙伴，对后续合作的成功与否或技术创新绩效的高低至关重要。本书认为，风险投资家与小微企业家目标协同性是 VC-E 匹配度的一个关键性构面因素。因为风险投资家与小微企业家间的成功合作必然建立在双方对投资项目目标协同的基础上。即合作双方目标是否协同，对科技型小微企业是否成功推进技术创新至关重要。风险投资家与小微企业家之间利益目标不能相互适配与协同，双方就极易产生冲突以致影响后续合作。在风险投资市场，风险投资家与小微企业家均具备两类目标：一是各自的利益目标；另一个是合作目标，即双方投资关系确定之后双方合作要完成的任务与达到的预期效果。在各自目标方面，风险投资家追求投资收益最大化，而小微企业家追求是企业的发展壮大。在合作目标方面，风险投资家与小微企业家均希望企业成功进行商业化运作，实现市场收益。这两类目标均贯穿在风险投资家与小微企业家合作的整个环节中。对于这两类目标实际存在三种关系：第一是风险投资家或小微企业家各自目标之间存在潜在冲突程度；第二是各自目标与合作目标存在潜在冲突程度；第三是风险投资家或小微企业家对合作创新项目目标界定的清晰度、认知的偏差度以及合作目标的接受度与共识的达成度。依据尼尔·雷克汉姆（Neil Rackham, 1998）的研究结论，只要满足以下标准：（1）合作双方各自的目标之间彼此互惠互利，即一方目标的实现有利于另一方目标的实现，双方就能通过合作更好地达成自身的目标。（2）合作双方各自的目标与合作目标具有一致性或良好的兼容性，不是相互冲突或相互损害，即双方在合作过程中，为完成合作目标，不彼此对各自目标进行侵害。（3）合作双方对合作目标界定清晰准确，对合作任务认知相同，对预期结果达成共识。本书认为，只要风险投资家与小微企业家各自目标与合作目标的关系满足上述标准，两者之间的目标便是协同的。依据列奥尼德·赫维茨（Leonid Hurwicz）的研究结论，合作双方目标协同类似"先天"的"激励相容"（Incentive compatibility）机制，在风险投资家与小微企业家合作标目协同这种"先天"的"激励相容"机制条件下，即使双方拥有各自利益目标，机制实施的客观效果也会达到合作所实现的目标。换而言之，VC-E 目标越协同，合作伙伴越不愿意通过机会主义行为损害彼此的利益。小微企业的技术创新项目潜在的收益吸引风险投资家的关注，并介入企业的日常经营。虽然两者的利益目标不一致，甚至会产生一定的冲突，但是随着双方投资关系的确定，合作目标亦会随之清晰并以契约的形式规范双方的行为。正如黄等（Wong et al. , 2005）的论点，合作伙伴之间具有协同目标，更能增强彼此的互惠行为，从而创造出更大的协同价值。因此风险投资家与小微企业家间的目标协同有助于统一双方合作行为，增加彼此的信任，进而催生稳定的匹配关系，推动技术创新效率。

风险投资家和小微企业家之间的文化契合度表示双方经营价值观与管理行为理念的相似度。相似的文化价值理念能减少合作伙伴之间的沟通和理解障碍，使显性知识和隐性知识在合作双方充分流动与共享。相似的组织文化能加强彼此之间的沟通，从而提高合作伙伴获取创新资源与创新技能的效率，增强技术创新能力。卡明斯和滕格（Cummings & Teng, 2003）指出，合作伙伴间相似的文化和价值系统有助于增强双方的行为预期，减少对抗关系发生的概率，使工作方案更易于被对方接受。风险投资家和小微企业家各自拥有的知识具有极强的专用性。风险投资家擅长建立社会网络、低价获得资金等，对特定行业的发展趋势和商业模式有着独到的见解。小微企业家对新兴市场及其敏感，并懂得如何利用各种有形与无形的资源进行市场开发。当双方的文化契合度较低时，双方专用性知识如果不能进行有效沟通就容易产生交易摩擦，当交易摩擦无法调和时，双方的合作关系就会中断，导致整个投资项目失败。若双方文化契合度较高，双方专用性知识相互转移的速度增强进而加深彼此知识的共享程度，有助于形成相同的知识存量和行为模式，共同解决面临的问题，降低信息不对称风险，以此提高技术创新绩效。

从资源基础理论来看，风险投资家与小微企业家投入合作中的都是独特的、具有互补性的资源和能力，而不是相似资源和能力的简单叠加，这种互补性创新资源增强合作伙伴双方的依赖性，再加上合作双方互补性资源对彼此都是需要和有价值的，双方可借助彼此的资源和能力达到优势互补的增值效果。戴尔和斯奈霍塔（Dyer & Snehota，1998）的研究结论指出，互补性资源体现了合作伙伴间所具备的资源专用性和专有性，其组合可产生"1 + 1 > 2"的协同效应，从而对合作绩效产生显著正向影响。山和斯瓦米纳坦（Shan & Swaminathan，2008）的研究显示，合作伙伴之间资源和能力的互补性是合作伙伴选择和吸引力评估的一个关键因素。合作伙伴有互补的资源和能力时，伙伴双方都会提高合作成功的预期，并积极投入其中，达成预期目标。基于此，提出本假设：

假设 9：VC-E 匹配度对技术创新绩效具有正向影响。

7.2.4 VC-E 匹配度的中介效应

风险投资与小微企业之间的合作是一种特殊的战略联盟组织形式，两者匹配度与一般企业战略联盟研究中的伙伴匹配度具有相似的内涵，但是具有特殊的技术创新合作的情境，其主要原因是风险投资作为一种关系型融资方式，它既要向小微企业提供金融资本支持，又要提供智力资本向小微企业提供增值服务。风险投资与小微企业之间是一种异质性组织之间的合作，与一般的企业战略联盟的合作伙伴相比，风险投资与小微企业之间的差异程度更大，也更复杂。鉴于上述分析，本书认为，对于风险投资家与小微企业家之间的合作匹配度，主要体现在与交易属性相关的匹配度和社会属性相关的匹配度，即 VC-E 匹配度的维度分为目标协同性、文化契合度、创新资源互补性。尽管 VC-E 匹配度极大地促进风险投资家与小微企业家之间的合作关系，加强两者之间创新资源的共享与互补，对技术创新过程中出现的问题能共同面对并且得到及时有效的化解。但是 VC-E 匹配度需受到前置因素的推进。即匹配伙伴的选择对两者的匹配度起着重要的推动作用。其中形成程度、有效沟通、共赢态度、网络能力极大影响着风险投资家与小微企业家之间形成稳定的匹配关系。因此 VC-E 匹配度在 Partnering 模式下匹配伙伴选择与技术创新绩效之间起着中介作用。据此，提出假设：

假设 10：VC-E 匹配度在 Partnering 模式下匹配伙伴选择与技术创新绩效之间具有中介效应。

综上所述，本研究提出 Partnering 模式下匹配伙伴选择、VC-E 匹配度与技术创新绩效关系的概念模型，如图 7-1 所示。

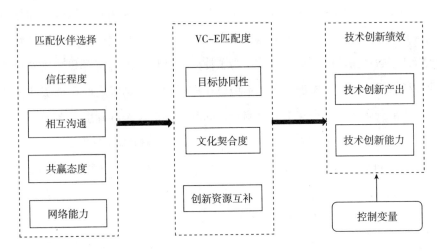

图 7-1　Partnering 模式下匹配伙伴选择、VC-E 匹配度与技术创新绩效关系概念模型

7.3　实证研究

7.3.1　数据收集

本书研究的抽样对象是具有风险投资背景的科技型小微企业。抽样的标准参考以往文献关于科技型小微企业成立的时间、风险投资家与小微企业家合作时间等方面的研究结果，向风险投资机构 1 年以上、5 年内尚未IPO 且成立时间未超过 8 年的科技型小微企业发放问卷。行业范围选择以IT、电子信息、生物医药等风险投资案例数量排名靠前的行业为主。地理范围选择以北京、深圳这两个风险投资业发展态势良好的城市为主，再辅以重庆、西安、成都、武汉等西部核心城市。样本中风险投资属性是正规的独立风险投资机构，采用的风险投资策略是单独投资，未将联合风险投资策略考虑其中。问卷发放的时间是 2016 年 12 月至 2017 年 5 月。抽样方法是通过各地高新区管委会提供的名单随机抽样并联系科技型小微企业，由企业负责投资项目管理的一位关键人员参与调查。调查方式为企业访谈、上门调研、电话访谈以及与当地科研机构合作等。重庆和成都的调研集中在高新区，采用企业访谈和上门调研为主，其他地区调研采用电话和与当地科研机构合作的形式。每个地区均得到了相关管理机构的支持，较高效率地保证了数据采集的顺利和可信。为了使问卷结构和内容符合我国风险投资业和科技型小微企业发展现状，本项目在进行大样本调查之前在重庆和深圳选择了部分企业作为小样本试点调查，同时为确保调查准确度，在展开大样本调查之前经过专家访谈以消除调查方法和文字表述的缺陷。

本次问卷总发放 500 份，回收有效问卷 201 份，其中到实地发放调查问卷 100 份，有效问卷为 74 份。利用电话访谈填写问卷有 150 份，有效问卷为 103 份。除重庆以外的地区均委托当地研究机构帮助发放调查问卷 250 份，回收 114 份，有效问卷为 72 份。总计收回问卷为 364 份，回收率为 72%，有效问卷为 201 份，占比 40.2%，由此可忽略本次问卷回收的未答复率。

7.3.2　变量测度

采用 SPSS23.0 软件的多元线性回归模型研究假设，测量量表主要来自现有文献的成熟问卷。同时根据对企业访谈的信息进行适应性调整，再经过相关专家和学者的判断最终确定问卷的匹配度。为了保证测量工具的效度和信度，在信任程度、相互沟通、共赢态度、网络能力、目标协同性、文化契合度、创新资源互补、技术创新能力、技术创新产出等概念的操作性定义及测量方法上，主要采用国外现有文献中已经用过的量表，再依据研究的目的结合中国情境进行适当调整。问卷测量题目先从英文翻译为汉语进行修正后再翻译成英文，与原有量表进行对照之后再由专家评估问卷设计与语义的准确度并进行修订。通过数据的信度和效度分析保证变量测量的科学性和适用性，所涉及的变量采用 Likert 七分量表进行测度。

1. Partnering 模式下匹配伙伴选择

参照艾伯特等人的研究思路，将 Partnering 模式下匹配伙伴选择分为信任程度、有效沟通、共赢态度、网络能力等四个构面，以此形成 Partnering 模式下匹配伙伴选择的测量题项为：（1）对匹配伙伴共同投资合作的信任程度；（2）对匹配伙伴的投资决定的信任程度；（3）对匹配伙伴投资项目目标的理解程度；（4）与匹配伙伴的沟通能力；（5）有效的冲突化解机制的建立；（6）共同商议解决问题的能力；（7）有效的冲突化解的途径；（8）匹配伙伴具有利益双赢的态度；（9）对付出和回报对等关系的在意程度；（10）与匹配伙伴共享创新资源的态度；（11）对匹配伙伴利益成果的保护措施；（12）匹配伙伴感知并搜寻外部知识能力；（13）匹配伙伴快速评估知识能力；（14）匹配伙伴外部知识转化能力；（15）匹配伙伴外部知识更新能力。

2. VC-E 匹配度

借鉴萨卡尔等（Sarkar et al.，1997）和杜马等（2000）等的研究成果，将 VC-E 匹配度分为目标协同性、文化契合度、创新资源互补等三个构面，并在此基础上形成测度题目：（1）风险投资与小微企业对投资目标达成共识，并有清晰界定；（2）双方利益目标不存在冲突；（3）双方利益目标可同时实现；（4）风险投资与小微企业其中一方目标的实现有助于另一方目标的实现；（5）双方对彼此利益目标相互支持；（6）双方均看重过程公平；（7）到目前为止，双方彼此尚未发现对方的自利行为；（8）双方的认知能力覆盖范围相似；（9）双方对创新项目风险的态度一致；（10）风险投资与小微企业具有相同的学习意愿；（11）双方贡献的创新资源均是彼此需要且具有价值的；（12）双方借助彼此创新资源能实现优势互补；（13）双方的创新资源在合作之后能实现更多的效应；（14）双方的创新资源是决定合作是否成功的关键因素；（15）双方的创新资源有助于合作双方各自达成利益目标。

3. 技术创新绩效

参照克努特等（Knut et al.，2001）以及高建（2004）的研究结果，分为两个构面即技术创新能力和技术创新产出进行测量，技术创新能力的测量题项为：（1）贵企业现有良好的技术创新空间；（2）贵企业具有良好的技术创新氛围与平台；（3）贵企业可为技术创新提供信息和知识共享平台；（4）贵企业管理团队具有强烈的创新欲望和责任心。技术创新产出的测量题项为：（1）贵企业开发新产品的周期显著缩短；（2）贵企业拥有的专利数量明显增加；（3）贵企业现有的技术范围显著扩大；（4）贵企业现有技术出现突发性变化。

4. 控制变量

本书将对 VC-E 匹配对以及技术创新绩效可能产生较大影响的变量进行控制。这些变量包括科技型小微企业发展阶段、科技型小微企业的规模。即便这些变量不是本书关注的重点，但是依据现有文献研究结论，这些变量的存在对科技型小微企业的创新活动将产生重要的影响效应，可能对 VC-E 匹配度产生较大的影响，因此有必要在构建模型时考虑这些变量的作用。第一，科技型小微企业发展阶段（stages of growth）。小微企业的发展阶段对企业创新能力和创新产出有着关键的影响作用。小微企业在市场中存活期越长，积累的创新资源越多，社会网络嵌入能力越强，这些越有助于企业开展创新活动。依据扎拉等（Zahra et al.，2006）的研究结果，科技型小微企业发展阶段可分为初创期（Start-up）和成长期（Growth），基于此，构建哑元变量来测度企业发展阶段对科技型小微企业技术创新绩效的影响。第二，创始人经验。创始人经验即为小微企业家经验是企业进行技术创新的重要影响元素。正如艾斯兹和奥德斯（Acs & Audresch，2006）指出，创始人经验越丰富，企业进行技术创新成功的概率越高。可见，创始人经验可能对技术创新绩效有较大影响。需要对创始人经验效应加以控制。

依据上述的分析，构建表 7-1：

表 7-1　Partnering 模式下匹配伙伴选择、VC-E 匹配度与技术创新绩效的测量题项

变量		测量题项	依据或来源
Partnering 模式下 匹配伙 伴选择	信任 程度	对匹配伙伴共同投资合作的信任程度 对匹配伙伴的投资决定的信任程度 对匹配伙伴投资项目目标的理解程度	布莱克等（Black et al.，2000） 彼得等（Peter et al.，2004）
	有效 沟通	与匹配伙伴的沟通能力 有效的冲突化解机制的建立 共同商议解决问题的能力 有效的冲突化解的途径	布莱克等（2000） 艾伯特等（2004） 齐和黄（Chee H. Wong，2000）
	共赢 态度	匹配伙伴具有利益双赢的态度 对付出和回报对等关系的在意程度 与匹配伙伴共享创新资源的态度 对匹配伙伴利益成果的保护措施	艾伯特等（2004） 齐和黄（2000）
	网络 能力	匹配伙伴感知并搜寻外部知识能力 匹配伙伴快速评估知识能力 匹配伙伴外部知识转化能力 匹配伙伴外部知识更新能力	维甘蒂（Verganti，1997）；皮塔威（Pittaway，2004）；伯格曼（Burgeman，2004）；陈力田（2015）

变量		测量题项	依据或来源
VC-E匹配度	目标协同性	风险投资与小微企业对投资目标达成共识,并有清晰界定 双方利益目标不存在冲突 双方利益目标可同时实现 风险投资与小微企业其中一方目标的实现有助于另一方目标的实现 双方对彼此利益目标相互支持	拉克佩奇和洛素瓦纳拉特(Lakpetch & Lorsuwannarat,2012);李健(2008);赵岑(2009)
	文化契合度	双方均看重过程公平 到目前双方彼此尚未发现对方自利行为 双方的认知能力覆盖范围相似 双方对创新项目风险态度一致 风险投资与小微企业具有相同的学习意愿	科恩和列文塔卡(Cohen & Levinthal,1990) 霍夫斯泰德(Hofstede,1991) 弗林和查特曼(Flynn & Chatman,2001); 威博和威博(Weber & Weber,2007); 赵岑和姜彦福(2010)
	创新资源互补	双方贡献的创新资源均是彼此需要且具有价值 双方借助彼此创新资源能实现优势互补 双方的创新资源在合作之后能实现更多的效应 双方的创新资源是决定着合作是否成功的关键因素 双方的创新资源有助于合作双方各自达成利益目标	达斯和滕格(Das & Teng 2000;2003);伦南和豪格兰(Lunnan & Hauglan,2008)
技术创新绩效	技术创新能力	贵企业现有良好的技术创新空间;贵企业具有良好的技术创新氛围与平台 贵企业可为技术创新提供信息和知识共享平台 贵企业管理团队具有强烈的创新欲望和责任心	克努特等(2001); 济(2001);桑普森、蕾切尔(Sampson, Rachelle C. ,2007);颂、派克胡(Soh, Pek-Hooi,2010);程源,雷家骕,杨湘玉(2005);龙勇(2010);
	技术创新产出	贵企业开发新产品的周期显著缩短 贵企业拥有的专利数量明显增加 贵企业现有的技术范围显著扩大 贵企业现有技术出现突发性变化	克努特等(2001); 济(2001);桑普森、蕾切尔(2007); 颂、派克胡(2010);程源,雷家骕,杨湘玉(2005);龙勇,王陆鸽(2010);

7.3.3 效度和信度分析

本书应用探索性因子分析 Partnering 模式下匹配伙伴选择、VC-E 匹配度与技术创新绩效关系模型中涉及的变量的内部结构。依据现有文献显示，探索性因子分析所需最低样本容量一般应是变量数目的 5 ~ 10 倍，或者是样本量达到变量中测量题项的 5 ~ 10 倍。鉴于此，本次因子分析涉及的变量数为 6 项，即信任程度、有效沟通、共赢态度、网络能力、VC-E 匹配度、技术创新绩效。为此本研究以 201 份有效问卷来进行探索性因子分析。

1. 被解释变量

依据马国庆（2002）的研究结果，探索性因子分析的前提条件是样本数据的 KMO 值需大于 0.7，Bartlett 统计值显著异于 0。技术创新绩效的 KMO 值为 0.805 大于 0.7，同时 Bartlett 球形检验的 χ^2 值为 592.117，其结果达到显著水平（$P < 0.001$），此统计值显著异于 0。基于此，本书将 201 份问卷对 8 项关于技术创新绩效的题项进行探索性因子分析。如表 7-2 显示，各题项按照上文所述归为 2 个因子，因子 1 为创新能力，因子 2 为创新产出，这两个因子解释总体方差的 67.2%，其中因子 1 解释总方差的 39.1%，因子 2 解释总方差的 28.1%，且大部分因子载荷在 0.7 以上，由此可知技术创新绩效测量题项的效度较好。因子 1 和因子 2 的 Cronbach's α 系数分别为 0.810 和 0.735，表明其信度较好，显示各测量题项之间具有较好的内部一致性。

表 7-2　　　　　　　　　　技术创新绩效的因子分析结果

测量题项	因子载荷 因子 1	因子 2	Cronbachd's α 系数
技术创新绩效 1	0.731		0.810
技术创新绩效 2	0.739		

测量题项	因子载荷 因子1	因子2	Cronbachd's α 系数
技术创新绩效 3	0.807		
技术创新绩效 4	0.869		
技术创新绩效 5		0.805	0.735
技术创新绩效 6		0.718	
技术创新绩效 7		0.744	
技术创新绩效 8		0.773	

注：此表为旋转后的因子载荷矩阵，旋转方法为方差最大法（Varimax）。

2. 解释变量

本书的解释变量是 Partnering 模式下匹配伙伴选择和 VC-E 匹配度。其中 Partnering 模式下匹配伙伴选择的四个维度分别是信任程度、有效沟通、共赢态度、网络能力。而 VC-E 匹配度作为中介变量，其三个维度分别是目标协同性、文化契合度、创新资源互补。

（1）Partnering 模式下匹配伙伴。在探索性因子分析中，依据特征根大于 1、最大因子载荷值大于 0.5 的要求提出 4 个因子，即信任程度、有效沟通、共赢态度、网络能力。这 4 个因子的累积解释变异量为 68.1%，各个题项按照理论假设分布在 4 个因子上。如表 7-3 所示，因子 1 表示信任程度；因子 2 表示有效沟通；因子 3 表示共赢态度；因子 4 表示网络能力。表中数据显示 4 个因子均有良好的效度。

表7-3　　　Partnering 模式下匹配伙伴选择的探索性因子分析

测量题项	因子载荷			
	1	2	3	4
信任程度 1	0.713	0.142	0.036	0.015
信任程度 2	0.635	0.056	0.127	−0.162
信任程度 3	0.729	0.107	0.231	0.219

续表

测量题项	因子载荷			
	1	2	3	4
有效沟通 1	0.082	0.715	0.018	0.208
有效沟通 2	0.231	0.698	0.315	0.165
有效沟通 3	0.089	0.742	0.227	0.302
有效沟通 4	0.138	0.597	0.113	-0.235
共赢态度 1	0.035	0.139	0.711	-0.242
共赢态度 2	0.162	0.077	0.708	0.051
共赢态度 3	0.117	0.141	0.622	0.174
共赢态度 4	0.192	0.125	0.610	0.123
网络能力 1	0.067	0.068	0.102	0.720
网络能力 2	0.112	0.251	0.067	0.801
网络能力 3	0.312	0.044	0.135	0.633
网络能力 4	0.101	0.079	0.119	0.703

注：此表为旋转后的因子载荷矩阵，旋转方法为方差最大法（Varimax）。

依据上述研究结果对各测量题项的信度进行分析。表7-4即为信度分析结果。数据显示题项—总体相关系数均大于0.35，同时各变量的Cronbach's α 系数均大于0.7。说明 Partnering 模式下匹配伙伴选择各变量的测量题项之间具有较好的内部一致性。

表7-4　　　　　Partnering 模式下匹配伙伴选择各变量的信度检验

变量	测量题项	题项—总体相关系数	修正后Cronbach's α 系数	Cronbach's α 系数
信任程度	信任程度 1	0.629	0.772	0.799
	信任程度 2	0.611	0.814	
	信任程度 3	0.737	0.802	

变量	测量题项	题项—总体相关系数	修正后Cronbach's α 系数	Cronbach's α 系数
有效沟通	有效沟通 1	0.660	0.855	0.814
	有效沟通 2	0.704	0.813	
	有效沟通 3	0.537	0.797	
	有效沟通 4	0.548	0.764	
共赢态度	共赢态度 1	0.803	0.793	0.822
	共赢态度 2	0.642	0.871	
	共赢态度 3	0.728	0.822	
	共赢态度 4	0.810	0.805	
网络能力	网络能力 1	0.698	0.776	0.806
	网络能力 2	0.717	0.838	
	网络能力 3	0.735	0.824	
	网络能力 4	0.683	0.749	

（2）中介变量：VC-E 匹配度。VC-E 匹配度作为中介变量，其三个维度分别是目标协同性、文化契合度、创新资源互补，下面对其做信度和效度检验。

VC-E 匹配度的 KMO 样本测度和 Bartlett 球形检验结果分别为：KMO 值为 0.837，大于 0.8，Bartlett 球形检验的 χ^2 值为 702.116，其结果达到显著水平（P < 0.001），此统计值显著异于 0，因此适合做因子分析。基于此，应用 201 份样本所构建的 VC-E 匹配度的 15 个测量题项进行探索性因子分析。如表 7-5 所示，各题项按照预期归为 3 个因子，因子 1 表示目标协同性，因子 2 表示文化契合度，因子 3 表示创新资源互补。这 3 个因子解释了总体方差的 64.3%，因子 1 解释了总体方差的 24.5%，因子 2 解释了总体方差的 19.7%，因子 3 解释了总体方差的 20.1%。VC-E 匹配度的测量题项的因子载荷值均在 0.7 以上，表示此变量的效度较好，表中的 Cronbach's α 系数表示测量题项的信度，3 个因子的 Cronbach's α

系数均大于 0.7 显示各测量题项之间的内部一致性较好。

表 7-5 VC-E 匹配度的因子分析结果

测量题项	因子载荷			Cronbach's α 系数
	因子1	因子2	因子3	
VC-E 匹配度 1	0.771			
VC-E 匹配度 2	0.794			
VC-E 匹配度 3	0.802			0.825
VC-E 匹配度 4	0.758			
VC-E 匹配度 5	0.792			
VC-E 匹配度 6		0.722		
VC-E 匹配度 7		0.813		
VC-E 匹配度 8		0.807		0.779
VC-E 匹配度 9		0.766		
VC-E 匹配度 10		0.820		
VC-E 匹配度 11			0.830	
VC-E 匹配度 12			0.781	
VC-E 匹配度 13			0.796	0.781
VC-E 匹配度 14			0.752	
VC-E 匹配度 15			0.819	

注：此表为旋转后的因子载荷矩阵，旋转方法为方差最大法（Varimax）。

7.3.4 描述性统计与相关性分析

样本数据的运算结果如表 7-6 所示，均值和方差的分布近似地服从正太分布的特点，各变量的相关系数均达到显著的水平，测量题项设计符合要求。

表 7-6 描述性统计与相关性系数（N = 201）

变量	Mean	Std. Deviation	信任程度	有效沟通	共赢态度	网络能力	VC-E 匹配关系	技术创新绩效
信任程度	4.513	0.704	1					
有效沟通	4.509	0.715	0.202 **	1				
共赢态度	4.372	0.627	0.285 *	0.186 *	1			
网络能力	4.228	0.599	0.137 *	0.109 **	0.317 *	1		
VC-E 匹配关系	4.381	0.673	0.226 ***	0.351 **	0.239 **	0.511 **	1	
技术创新绩效	4.581	0.546	0.417 **	0.402 *	0.224 ***	0.337 *	0.460 *	1

注：$*P < 0.05$；$**P < 0.01$；$***P < 0.001$。

7.3.5 主效应检验

如表 7-7 所示，模型一和模型二表明以控制变量企业发展阶段和创始人经验为自变量，分别以技术创新绩效和 VC-E 匹配关系为因变量进行回归分析。模型三显示在控制变量的条件下，信任程度、有效沟通、共赢态度、网络能力对 VC-E 匹配关系进行回归分析，回归系数分别是 0.233（$P < 0.01$）、0.284（$P < 0.05$）、0.305（$P < 0.01$）、0.217（$P < 0.05$），实证结果显示，信任程度、有效沟通、共赢态度、网络能力对 VC-E 匹配关系有着显著的正向影响。为此，假设 1、假设 2、假设 3、假设 4 得到有效验证。模型四表明在控制变量条件下，将信任程度、有效沟通、共赢态度和网络能力加入自变量，以技术创新绩效为因变量进行回归，结果显示 Partnering 模式下匹配伙伴的四个维度对技术创新绩效的正向影响均达到显著的正向影响，回归系数分别为 0.219（$P < 0.05$）、0.311（$P < 0.01$）、0.172（$P < 0.05$）、0.293（$P < 0.001$），假设 5、假设 6、假设 7、假设 8 得到验证。模型五显示，将控制变量和 VC-E 匹配度为自变量，以技术创新绩效为因变量进行回归分析，结果显示 VC-E 匹配度对技术创新绩效具有显著的正向影响，回归系数为 0.343（$P < 0.01$），假设 9 得到验证。

7.3.6 中介效应检验

在企业发展阶段、创始人经验为控制变量的条件下，将信任程度、有效沟通、共赢态度、网络能力和 VC-E 匹配度加入自变量，以技术创新绩效为因变量进行回归分析，依据表中模型六的数据显示，各回归系数分别为：0.107（$P > 0.05$）、0.296（$P < 0.001$）、0.165（$P < 0.01$）、0.113（$P < 0.05$）、0.319（$P < 0.01$），其中信任程度在介入 VC-E 匹配度变量之后，对技术创新绩效的正向影响由显著变为不显著，说明 VC-E 匹配度在信任程度对技术创新绩效中起到完全中介作用。有效沟通、共赢态度和网络能力的系数均有所降低，但仍处于显著水平，显示 VC-E 匹配度在有效沟通与共赢态度对技术创新绩效的正向影响中起着部分中介作用。由此，假设 10 得到验证。

表 7-7　　　　　　　　　　主效应和中介效应回归分析

项目	模型一	模型二	模型三	模型四	模型五	模型六
	技术创新绩效	VC-E 匹配关系	VC-E 匹配关系	技术创新绩效	技术创新绩效	技术创新绩效
第一步：控制变量						
企业初创期	-0.056	0.014	0.008	0.019	0.022	0.031
企业发展期	0.041	-0.079	-0.048	0.102	0.029	0.071
创始人经验	0.076	0.036	0.013	0.010	0.043	0.037
第二步：直接效应						
信任程度			0.233 **	0.219 *		
有效沟通			0.284 *	0.311 **		
共赢态度			0.305 **	0.172 *		
网络能力			0.217 *	0.293 ***		
第三步：直接效应						
VC-E 匹配关系					0.343 **	

项目	模型一 技术创新绩效	模型二 VC-E 匹配关系	模型三 VC-E 匹配关系	模型四 技术创新绩效	模型五 技术创新绩效	模型六 技术创新绩效
第四步：中介效应						
信任程度						0.107
有效沟通						0.296 ***
共赢态度						0.165 **
网络能力						0.113 *
VC-E 匹配关系						0.319 **
ΔR^2	0.009	0.012	0.291 ***	0.408 ***	0.275 **	0.381 ***
总体 F	1.182	0.734	13.293 **	25.606 ***	26.721 *	22.483 **

注：* p < 0.05；** P < 0.01；*** P < 0.001。

7.3.7 结果分析与讨论

在"创新驱动发展"的国家战略下，风险投资被视为经济转型升级的重要支持力量。而科技型小微企业作为推动创新发展战略的中坚力量在产业结构升级、经济转型中起着举足轻重的作用。因风险投资产生、发展、成熟的轨迹与高新技术产生、发展、成熟的轨迹相匹配，所以风险投资成为科技型小微企业化解融资困境的最佳融资模式。作为一种发现价值、创造价值的关系型融资，通过向企业提供融资，参与企业管理等服务来提升企业市场价值。已有文献强调风险投资对被投资企业存在选择效应（selection effect）和增值效应（effect of value adding），尤其是在风险投资的增值服务方面产生很多的研究成果，但是对其选择效应的研究却尚处在"黑箱"状态，风险投资的选择效应如何产生？本书在已有研究的基础上，立足双边匹配理论和联盟伙伴选择理论，以 Partnering 模式为研究视角，利用问卷调查所获得的第一手数据，深入探讨风险投资与科技型小微企业间匹配伙伴选择对技术创新绩效的影响。本书的贡献和创新主要体现在以下三个方面：第一，已有文献一般只注意风险投资的选择效应，而忽略企业自身的选择效应。本书提出的企业具有选择行为和匹配能力，从而突破原有研究中仅限于风险投资单边选择效应，以市场匹配理论为基础，对风险投资的选择效应实现机制进行探析。第二，在控制双边匹配选择效应的基础上，进一步探讨和研究了匹配因素对企业的技术创新行为的影响，从而为今后风险投资和小微企业的成功合作提供更为丰富的经验。第三，本书基于双边匹配效应的视角，实证检验了风险投资和科技型小微企业之间的匹配关系是否发挥了增值职能，拓展了现有风险投资与企业合作关系问题的研究，丰富了已有文献的研究视角，也为风险投资实践与企业技术创新活动提供了经验证据。

本书基于已有文献，结合对科技型小微企业的问卷调查结果，提出Partnering 模式匹配伙伴选择、VC-E 匹配度与技术创新绩效的概念模型，同时以此为理论基础提出相关假设并进行实证检验。具体分为以下三个步骤：第一，以 VC-E 匹配度为因变量，依次引入控制变量和自变量 Partnering 模式匹配伙伴选择的四个维度即信任程度、有效沟通、共赢态度、网络能力来分析主效应。第二，以技术创新绩效为因变量，分析信任程度、有效沟通、共赢态度、网络能力与技术创新绩效的关系。第三，分析VC-E 匹配度在 Partnering 模式匹配伙伴选择与技术创新绩效影响过程的中介作用。

经过层级回归分析，结果表明假设1、假设2、假设3、假设4、假设5、假设6、假设7、假设8、假设9、假设10 均得到实证数据的支持。

1. Partnering 模式下匹配伙伴选择与 VC-E 匹配度

Partnering 模式是化解冲突负效应的有效途径。在风险投资与科技型小微企业合作过程中冲突是不可避免的，即使仲裁、诉讼等一些法律手段可以化解部分冲突，但是这些正式治理手段很容易造成合作双方的对立情绪，不仅损害正在进行的合作关系，而且还需支付高额的交易成本。Partnering 模式能运用其独特的方式化解风险投资家与小微企业家之间的对抗性冲突，并尽可能减少正式制度的运用。它将传统管理模式中的委托—代理关系转化为互相配合实现"多赢"的协作关系，是一种超越组织界限的合作关系，在这种合作关系下，风险投资家与小微企业家之间相互信赖、信息共享、资源互补，并有长期合作的意愿。虽然"利益共享"是 partnering 模式下投资项目成功推进的重要因素之一，但是共享并不意味着风险投资家与小微企业家间利益平均分配，而是在两者之间形成一个合理分配利益的格局。公平合理的利益分配方式的建立对与投资项目是否能够成功运行并取得理想的效应起着关键的作用。合理的利益分配能够加强双方的相互信任，并促使合作双方自愿、主动地相互配合，共同化解技术创新过程中面对的难题与障碍，最终提升技术创新绩效。

Partnering 模式下匹配伙伴选择对风险投资项目的实施过程及产出结果均有重大影响。优良的匹配伙伴选择是进行投资项目的首要任务，是创造优异技术创新绩效的先决条件。根据已有的研究结果，匹配伙伴选择的结果如何将直接影响项目最终的运作绩效。Partnering 模式下好的匹配伙伴选择能够化解风险投资家与小微企业家合作过程中产生的各种矛盾，增强彼此之间的信任程度，从而改善合作关系。本研究的实证结果进一步拓展了此理论，即在风险投资家与小微企业家建立合作关系的情境下，Partnering 模式下匹配伙伴选择与 VC-E 匹配度呈正向关系。具体而言，信任程度、有效沟通、共赢态度、网络能力与 VC-E 匹配度呈显著的正向关系并得到实证数据的支持，即假设 1、假设 2、假设 3、假设 4 均成立。本研究认为，基于信任和沟通建立起来的匹配关系比单纯通过契约建立的匹配关系更能加强 VC-E 的匹配度，因为信任、有效沟通与共赢态度利于识别实力强、声誉好、资源投入度高的匹配伙伴，形成稳定的匹配关系。至于网络能力与 VC-E 匹配度之间呈现的显著正向关系是因为科技型小微企业的网络能力呈现动态化的特征。在网络能力体系中，科技型小微企业首先需要利用动态适应环境变化能力对外部融资环境进行检测，充分了解企业的融资需求及融资环境的变化，当意识到企业的发展需要适宜的融资模式来促进企业发展时，企业将首先调动选取最佳网络能力的积极性去识别和筛选更恰当的风险投资家。因此越是网络能力强的科技型小微企业，越容易搜寻和识别到与自身融资需求相匹配的风险投资家，形成"门当户对"式的匹配关系。上述研究结果证实布莱克等（2000）的理论观点。该学者认为，Partnering模式下匹配伙伴选择对形成稳定的匹配关系有着重要的促进作用。因此，对于风险投资家和小微企业家而言，匹配伙伴选择影响着合作关系的质量，选择实力强、声誉效应好的匹配伙伴更利于建立高质量的合作关系。

2. Partnering 模式下匹配伙伴选择与技术创新绩效

随着信息技术的发展与经济全球化进程的不断推进，企业进行创新活动变得越来越复杂，单一的企业很难单独完成高风险、高投入的创新活动，科技型小微企业必须寻找与自身资源互补的合作伙伴才能提高技术创新绩效。科技型小微企业搜寻创新合作伙伴的过程实质是构建一个创新生态体系的过程。风险投资家与小微企业家间的合作就是一种基于金融资本与智力资本协同的创新生态体系。两者之间资金流动、信息与知识共享的过程直接影响企业的技术创新绩效。在 Partnering 模式下匹配伙伴选择涉及的四个维度即信任程度、有效沟通、共赢态度、网络能力依据的是社会资本理论。从社会资本理论视角，信任对风险投资与小微企业合作创新的重要作用表现为：首先，双方间的信任在一定程度上对机会主义行为进行抑制，匹配伙伴间的交易摩擦减少；其次，双方间的信任将促进彼此进行有效沟通，减低信息不对称的风险，同时信任能促进双方形成共赢的态度，缓解双方利益目标不一致而形成的对抗性关系状态；最后，双方间的信任能形成互惠行为。当双方的信任程度达到一定的边界时，关系专用性投资将促进双方的网络能力的提升，进而促进双方的互惠行为。由此可见，Partnering 模式下匹配伙伴选择实质上是识别互惠共生伙伴并与之建立利益共生体，从而形成协同行为降低技术创新风险，提升技术创新绩效。

本研究的实证结果验证了这一观点，即假设5、假设6、假设7、假设8均得到实证数据的支持。这一研究结果为科技型小微企业科学合理地选择风险投资家作为互惠共生伙伴提供了有效方法，也为科技型小微企业提高创新绩效提供了借鉴和参考。

3. VC-E 匹配度与技术创新绩效

本研究通过线性回归的方法验证了 VC-E 匹配度对技术创新绩效具有显著的促进作用，即假设9成立。VC-E 匹配度源自联盟伙伴选择理论。通过梳理和概括已有文献发现，伙伴匹配度（partner fit）的概念在企业战略联盟、合资与并购、供应链管理等领域运用广泛，但在风险投资领域尚属空白。借助卡特赖特的研究成果，即将组织间合作过程比喻为"找对象结婚"，而"结婚对象"的匹配度会直接影响后续"婚姻关系"的好坏。风险投资家与小微企业家之间的匹配过程正如"找对象结婚"，双方的匹配度对投资项目的成功与否产生关键影响。VC-E 匹配度维度的划分借鉴了帕克赫（Parkhe）、罗伊等（Roy et al.）、达斯等（Das et al.）等学者对国际合资公司、国际战略联盟等伙伴选择的标准。这些标准主要基于社会心理学、关系资本等理论，立足与合作伙伴如何实现有效合作而提出的，这些标准要求选择"正确的""适合的"伙伴，如目标、文化、信任、承诺等。类似地，本文将这一思想应用在风险投资与小微企业匹配关系上，将两者的匹配度划分为目标协同性、文化契合度、创新资源互补。风险投资家与小微企业家目标协同性主要体现在：第一，双方各自利益目标相互促进，且通过合作更易达成自己的利益目标。第二，双方利益目标与合作目标具有一致性或较好的兼容性，不是对抗性关系。第三，双方对合作目标界定清晰，对合作任务形成共识并产生协同行为。鉴于此，风险投资家与小微企业家间的目标协同性能激发双方共同产生协同行为，形成一种有助于提高技术创新绩效的合力。文化契合度是指风险投资家和小微企业家间对彼此的价值观、文化理念、行为处事等方面相互适应、认同和尊重的程度。文化契合度有利于双方形成良好的合作氛围，当双方面对任务冲突时可以通过沟通、协调进行化解，避免形成对抗性关系，进而阻碍创新项目的进程。文化契合度有助于风险投资家和小微企业家在投资项目合作过程不使用"自我参照原则"，而是采用"求同存异"的态度来看待文化差异，进而形成利于合作、沟通、协调的氛围，最终提升技术创新绩效。创新资源互补是指风险投资家与小微企业家间所贡献的创新资源对彼此需要并有价值的程度，同时双方创新资源组合能产生优势互补和协同增值效应的程度是风险投资与小微企业建立投资匹配关系的主要动机，也是双方形成稳定匹配的客观条件和基础。根据资源基础理论，风险投资家不仅投入金融资源，而且投入的智力资源对科技型小微企业具有极强的互补效应。双方各自资源的独特性和价值性在技术创新项目中进行组合可以产生协同效应，进而对技术创新绩效产生显著正向影响。本书的这一实证研究结果与拉克佩奇等（Lakpetch et al., 2012）的研究结论一致。即合作双方的匹配度可以产生协同行为，形成合力以推动合作向前发展。

从上述层级回归分析结果显示，全部假设均通过实证检验。实证数据显示，Partnering模式下匹配伙伴选择对技术创新绩效有显著的正向影响，即Partnering模式下匹配伙伴选择的四个维度：信任程度、有效沟通、共赢态度、网络能力分别对技术创新绩效具有显著的正向影响效应。另外，Partnering模式下匹配伙伴选择对VC-E匹配度具有较为显著的正相关作用，VC-E匹配度对技术创新绩效有显著的正向影响。同时，变量VC-E匹配度在Partnering模式下匹配伙伴选择对技术创新绩效的正向影响过程中起着不完全中介作用。具体而言，VC-E匹配度在信任程度与技术创新绩效之间起着完全中介作用，在有效沟通、共赢态度与技术创新绩效之间起着不完全中介作用，在网络能力与技术创新绩效之间的中介作用未得到实证数据的支持。实证检验结果汇总如表7-8所示。

表 7-8 假设验证结果汇总

研究假设	验证结果
Partnering 模式下匹配伙伴选择与 VC-E 匹配度的关系	
假设 1：Partnering 模式下匹配伙伴的信任程度对 VC-E 匹配度具有正向影响	通过
假设 2：Partnering 模式下匹配伙伴的有效沟通对 VC-E 匹配度具有正向影响	通过
假设 3：Partnering 模式下匹配伙伴的共赢态度对 VC-E 匹配度具有正向影响	通过
假设 4：Partnering 模式下匹配伙伴的网络能力对 VC-E 匹配度具有正向影响	通过
Partnering 模式下匹配伙伴选择与技术创新绩效的关系	
假设 5：Partnering 模式下匹配伙伴的信任程度对技术创新绩效具有正向影响	通过
假设 6：Partnering 模式下匹配伙伴的有效沟通对技术创新绩效具有正向影响	通过
假设 7：Partnering 模式下匹配伙伴的共赢态度对技术创新绩效具有正向影响	通过
假设 8：Partnering 模式下匹配伙伴的网络能力对技术创新绩效具有正向影响	通过
VC-E 匹配度与技术创新绩效的关系	
假设 9：VC-E 匹配度对技术创新绩效具有正向影响	通过
VC-E 匹配度的中介效应	
假设 10：VC-E 匹配度在 Partnering 模式下匹配伙伴选择与技术创新绩效之间具有中介效应	通过

7.4　结论与管理启示

第一，研究结论

在 Partnering 模式下风险投资与小微企业家进行双边匹配，既需要注重匹配伙伴选择，又要努力创造良好的合作环境，构建稳定的合作关系，实现最佳的匹配度，这些因素对小微企业进行技术创新活动均起着积极的推动作用。本研究的主要结论如下：

（1）风险投资家与小微企业家间的信任程度直接影响技术创新绩效，但是在加入 VC-E 匹配度这个中介变量之后对技术创新绩效的显著性消失，说明信任程度对技术创新绩效的作用机理是借助 VC-E 匹配度的中介效应来实现。风险投资家与小微企业家实现双边稳定匹配的前提是相互信任，信任的程度越高，VC－E 匹配度越好。以 Partnering 模式推行风险投资项目，无论是事前匹配伙伴选择、事后投资后管理、阶段性融资等方面均是以双方相互信任为基础。因此，风险投资项目实施过程中应尽量选择双方信任程度高的合作伙伴进行合作，通过"情投意合"的匹配模式实现风险投资家与小微企业家的双边匹配。另外，彼此间信任程度的高低直接决定着双边匹配度的稳定，进而对技术创新绩效产生影响。

（2）风险投资家与小微企业家之间的有效沟通和共赢态度不仅有助于实现 VC-E 匹配度的稳定，同时对技术创新绩效的提升有显著的正向作用。风险投资家与小微企业家间能否有效进行沟通，既影响到双方互惠共生关系、利益共生体形成等方面，又影响双方在面对技术创新难题时能否共同进退，能否及时化解冲突与纠纷。共赢的态度反映双方对合作目标是否形成共识，对于各自利益目标与共同利益目标的边界是否能清晰准确地界定，是否能兼顾合作伙伴的利益，在合理范围之内形成互惠共生行为，这不仅利于稳定双方的匹配关系，而且有助于提升技术创新绩效。

（3）风险投资家与小微企业家之间的网络能力有助于促进 VC-E 匹配度的稳定，进而提升技术创新绩效。网络能力作为企业实力的象征，可以吸引更多位于网络边缘的主体，从而增加自身关系连带数量与关系节点数量，形成良性循环。企业网络能力越强，使得与外部资源关系节点连接越强。这些外部节点在关键时刻能向企业提供企业所需的资源或交换资源的机会。对于小微企业而言，风险投资家作为其外部关系节点之一，为企业发展提供外部融资资源，甚至可为企业提供技术创新资源和市场资源，帮助企业提高经营管理能力。同时小微企业的网络能力赋予其调配网络资源的权力，极大地提高小微企业的生存率和抗风险能力。反之，风险投资家的网络能力也可帮助自身更高效获取小微企业的技术创新信息，使得风险投资家在事前就能较全面地获取企业经营和技术创新情况的信息，以此准确评估投资项目的风险级别。双方的网络能力实质上是降低信息不对称问题的有力工具，不仅帮助小微企业家识别风险投资家的社会地位、资源规模、声誉级别、企业合法性等积极信号，而且可向风险投资家传递企业技术、人才、管理方面的信息，降低风险投资家与小微企业家之间的信息不对称，增加风险投资项目运作的成功概率。由此可知，网络能力是风险投资家与小微企业家双方化解信息不对称问题的重要技能，网络能力越强，获取合作伙伴信息越多，化解对方机会主义风险的能力越强，越利于双方形成互惠共生行为，形成稳定的匹配关系，进而提高技术创新项目的投资收益率。

第二，管理启示

在现实中，风险投资与小微企业的匹配关系问题还停留在对合作契约的最优化设计上，这种思维方式根据契约治理的重要程度来管理风险投资与小微企业的合作关系。然而，风险投资与小微企业之间的匹配实质上是两个"企业边界人"之间的匹配，既包括交易属性，又具有社会属性。以往的研究单从交易属性通过评价投资项目的风险和收益来决定双方是否建立合作关系，而本研究则认为，投资项目成功的关键不仅在于其自身的投资价值，更重要的是在于合作双方是否"情投意合"，良好的合作关系是推进项目成功的重要保障。缺乏稳定的匹配关系，即使投资项目具有极佳的潜在效益，若缺乏双方互惠共生与利益共生体理念，一旦遇到技术创新困境，双方必然选择以损害对方利益的机会主义行为来保障自己的利益，甚至以"敲竹杠"与"套牢"等行为损害合作利益。为此，本研究通过探究 Partnering 模式下匹配伙伴选择、VC-E 匹配度与技术创新绩效之间相互影响机制与实现路径，为风险投资家与小微企业家合作关系的管理实践提供了多方面的管理启示。

首先，从小微企业内部来看，小微企业家的技术创新绩效预期、风险投资家匹配选择行为对 VC-E 匹配度的稳定极其重要。探究企业风险投资策略选择对其与风险投资家匹配模式的作用机制，一方面在于企业对风险投资家的关系特征、行为特征和伙伴特征的识别和预测有着重要指导意义；另一方面，匹配高绩效的 VC-E 匹配度有助于企业适时进行融资战略转换，从而保障企业获取有利的外源融资。企业的融资决策和匹配关系的互动属性要求小微企业应该超越传统的合作关系的治理方式，即单一采用契约治理不能完全化解信息不对称问题和防范机会主义风险，因此本书的研究框架会帮助企业通过在 Partnering 模式下匹配伙伴选择、VC-E 匹配度对技术创新绩效的影响路径来管理风险投资家与小微企业家合作关系。

其次，从小微企业外部来看，如何选择风险投资家进行合作？科技型小微企业必须清醒地意识到，风险投资作为专业投资者，其资本属性决定它必然具备"逐名和趋利"的短视行为，与小微企业追逐企业长期发展的利益目标相冲突。鉴于此，科技型小微企业应首先对自身的融资能力、企业发展阶段、创新资源的类型进行科学评估，依据"RZ 理论"即融资需求与融资能力相匹配的原则选择适当的风险投资家进行匹配。同时应清醒地意识到，风险投资家的短视行为可能与企业的长期发展目标相悖。当科技型小微企业有意将风险投资家作为战略投资者进行合作时，不仅需评估风险投资家的交易属性即行业经验、行业声誉、专业技能等客观指标，还需考虑风险投资家的社会属性，即目标协同性、文化契合度、信任程度等因素。只有双方的社会属性趋于一致，才能建立真正的利益共生体，形成共生共荣的稳定匹配关系。

最后，对于风险投资家而言，作为金融中介，在为科技型小微企业提供资金支持、专业服务、资源网络和管理咨询等服务时，其资本属性决定其必然以追求超额回报为前提条件。然而，不能忽视的一点是，风险投资家有"攫取利润"的本能，但其提供的非资本增值服务在客观上推动着企业技术创新的发展。风险投资的"增值"与"攫取"双重功能如何实现，取决于风险投资家与科技型小微企业家的匹配关系是否稳定。若双方建立利益互惠共生的匹配关系，双方各自的利益目标将在合作目标框架的约束下逐渐趋于一致，相互依赖的共生关系决定双方将共同面对技术创新过程中的各类风险与困境，进而化解信息不对称造成的机会主义风险，风险投资家的增值服务将提升企业的价值。若双方未形成稳定的匹配关系，由于各自利益目标相悖，双方必将产生对抗情绪而阻碍合作进行，以致技术创新项目无法顺利开展。为了满足自身的投资利益，风险投资家的"攫取利润"的行为将引发风险投资家与小微企业家之间权力相互制衡，两者对企业控制权的争夺必将阻碍技术创新进程。为此，风险投资家应充分利用信息共享、有效沟通与网络能力等途径尽力化解与科技型小微企业的信息不对称问题，提高双方的信任程度。通过对 Partnering 模式的匹配伙伴选择标准建立与小微企业稳定的匹配关系，极力发挥增值服务功能，抑制"攫取"的短视行为，以此建立风险投资行业自律机制来杜绝风险投资家的机会主义行为。总之，风险投资家只有通过与科技型小微企业建立"情投意合"的双边匹配关系，才能真正成为企业技术创新的"催化剂"和"助推器"。

7.5 本章小结

本章通过对 Partnering 模式的梳理分析，将风险投资与科技型小微企业视为合作伙伴关系，在互惠共生基础上研究 Partnering 模式下创业企业家如何选择风险投资家，并形成稳定的匹配关系，进而影响企业的技术创新绩效。研究结论显示，风险投资家与小微企业家间的信任程度直接影响技术创新绩效，且信任程度对技术创新绩效的作用机理是借助 VC-E 匹配度的中介效应来实现的；风险投资家与小微企业家之间的有效沟通和共赢态度不仅有助于实现 VC-E 匹配度的稳定，同时对技术创新绩效的提升有显著的正向作用；风险投资家与小微企业家之间的网络能力有助于促进 VC-E 匹配度的稳定，进而提升技术创新绩效。

第8章

VC-E 匹配度、组织网络特征
与技术创新绩效

风险投资一般都被认为是技术创新的孵化器以及经济发展的推动力，但是，并不是所有的风险投资都能够促进技术创新，有很多相关研究也表明风险投资对技术创新的作用是消极的。造成这种结果的原因是什么呢？本研究认为最主要的原因就是风险投资与科技型小微企业的匹配关系，如果风险投资与创业企业具有良好的匹配度，风险投资就能够充分发挥其积极作用，就能最大限度地为科技型小微企业的技术创新提供支持和推动。

8.1 研究假设

8.1.1 VC-E 匹配度与技术创新绩效

风险投资与科技型小微企业的合理匹配可以使双方在最大程度上达到满意的结果，从而有利于提升投资绩效，促进企业的技术创新，实现风险投资和科技型小微企业间的双赢。风险投资与科技型小微企业间存在一种双向选择关系，风险投资机构在进行投资决策之前会慎重的选择小微企业，主要会从小微企业的技术能力、市场前景、管理能力等方面去评判是否符合投资要求；同时，小微企业也会对风险投资机构进行合理的评判，主要会从风险投资机构的资金规模，投资经验以及专业能力等方面去考虑，以便找到最合适的合作伙伴。因此，风险投资与科技型小微企业间的双向选择其实可以归结为一种双边匹配问题。双边匹配理论起源于20世纪60年代，盖尔和沙普利（1962）以男女婚姻作为研究对象，探讨婚姻间是否存在匹配关系，结果表明男女在考虑婚配的过程中会根据各自的偏好进行一系列的选择，从而实现男女双方最合适的匹配。索伦森（Sorensen，2007）在大量具体实例分析的基础上对风险投资机构与科技型小微企业间的匹配结构和匹配效应进行分析，结果表明，良好的匹配对风险投资机构和小微企业都具有积极的正面作用。曹国华和胡义（2009）也认为风险投资机构与小微企业的匹配对于创业企业未来的成长和收益具有重要的积极作用。类似于双边匹配的匹配度具有一定的复杂性，因此学者们对于匹配度的维度分解也不尽相同。布龙德尔和普利茨（Bronder and Pritzl，1992）认为可以将匹配度分为基础匹配、战略匹配以及文化匹配三个维度。其中基础匹配是指联盟伙伴间的资源互补性；战略匹配主要是指联盟伙伴之间的目标和战略具有一致性或者协同性；文化匹配是指联盟伙伴之间的文化契合度，也即联盟伙伴之间在文化上是否具有兼容性。严和段（Yan and Duan，2003）在总结前人的研究后，认为联盟伙伴间的匹配度可以从战略目标、资源共享、经营管理共识这几个方面进行讨论。本研究参考以上相关文献研究，将 VC-E 匹配度分为目标协同性、文化契合度以及资源互补性这三个维度。

技术创新绩效主要包含企业在技术创新过程中的产出和成果两个方面，即技术绩效和市场绩效两个方面，技术绩效主要是指创新能力，市场绩效是指技术产品转化为商品后在市场上的表现。企业技术创新绩效主要是用来评价是企业技术创新活动投入的产出效率与效益。对于企业技术创新绩效这个潜变量的测度，很难利用单一的指标进行全面、准确的刻画，许多研究战略管理问题的学者们都倾向运用多维度指标来测度创新绩效。本研究借鉴克努特等（2001）以及高建（2004）的研究成果，将从技术创新能力和技术创新产出两个方面考虑技术创新绩效的衡量。

联盟伙伴之间的目标协同性有利于减少合作过程中的交易成本和代理成本。目标协同或一致并不是指联盟伙伴之间的目标达到高度一致或者完全一样，而是说联盟伙伴间的目标能够相互促进，当一方的目标实现时，另一方的目标也同时实现了。所以，伙伴的目标不同但互补时，也能达到高度一致。风险投资机构与小微企业进行匹配的最直接目的都是为了选择最合适的合作伙伴，从而实现自身利益的最大化。在风险投资机构和小微企业进行相互选择和匹配的过程中，都会存在目标驱动行为，如果双方的目标存在不一致性或者差异较大，都会降低双方的满意度，从而导致匹配的失败，即使勉强通过匹配，也最终会导致整个投资的失败。风险投资和小微企业的目标一致性是提升企业技术创新绩效的前提，只有当风险投资正确领会小微企业的创新目标时，风险投资对科技型小微企业所做出的支持才是有价值的，才能促进小微企业技术创新绩效的提升。

在风险投资和小微企业的合作过程中，两者间的文化归属和差异会严重影响双方关系的维护，从而影响交易成本、决策成本以及既定目标的实现，甚至会导致合作关系的破裂以及整个风险投资活动的失败。因此，风险投资与科技型小微企业间的文化契合度是维护两者间关系的重要因素，会决定两者关系的走向以及目标实现的可能程度。当风险投资与小微企业拥有相同的文化属性，即双方的文化契合度较高时，如果在创新过程中出现战略或者技术上的重大调整，双方达成统一意见的可能性较大，内部行动一致性程度较高，从而促使创新活动向正确的方向行进，有利于提升技术创新绩效。

风险投资与小微企业合作过程中，资源是两者之间的重要桥梁，小微企业的技术创新和成长需要借助风险投资所提供的资源，风险投资也需要借助小微企业的资源丰富自己的投资经验以及可利用资源，从而为下次投资做准备。所谓资源互补性是指风险投资与科技型小微企业所投入的资源具有差异性和非重叠性，是不相同的。风险投资与小微企业间的资源互补性对于科技型小微企业的技术创新和成长至关重要，小微企业之所以寻求风险投资的帮助,最主要的一个原因就是通过风险投资的资源所获得的回报将远远大于通过自身拥有资源所获得的回报。小微企业所能调用和把控的资源越多,在技术创新过程中遇到问题时的解决途径也就越多,从而越有利于技术创新活动的正常顺利开展,进而越能促使技术创新绩效的提升。

基于上述分析,本研究将 VC-E 匹配度分为三个维度:目标协同性、文化契合度以及资源互补性。据此,对 VC-E 匹配度与技术创新绩效间的关系提出如下假设:

H1:VC-E 匹配度对技术创新绩效具有正向影响。

H1a:风险投资与科技型小微企业的目标协同性对技术创新绩效具有正向影响。

H1b:风险投资与科技型小微企业的文化契合度对技术创新绩效具有正向影响。

H1c:风险投资与科技型小微企业的资源互补性对技术创新绩效具有正向影响。

8.1.2 组织网络特征的调节作用

风险投资与科技型小微企业间的合作具有突出的网络性特征,风险投资与小微企业的合作关系可以理解成一种联盟网络关系。根据卢因(Lewin)的人—环境互动理论,一个人的行为结果不仅取决于个体自身,也取决于环境要素,还取决于个体与环境的相互作用影响。因此 VC-E 匹配度与技术创新绩效间的关联并非是简单的线性关系,会受到调节变量的调节作用。风险投资作为科技型小微企业资金、资源以及增值服务的提供者,会直接影响小微企业技术创新绩效水平,而组织环境是风险投资与小微企业之间联系的支撑。小微企业嵌入其自身与风险投资的联盟关系中,创新活动所需的资源能否充分地获取和利用取决于网络特征。不同的网络特征会使得风险投资与小微企业间的沟通协调情况有所不同,对资源获取和利用的影响也会不同,进而影响小微企业技术创新绩效的提升,因此,组织网络特征有可能会影响 VC-E 匹配度对技术创新绩效的效应。大多数学者从关系强度、网络密度、网络中心度以及关系质量等维度去研究网络特征，本次研究的联盟网络仅涉及风险投资以及科技型小微企业，因此主要从关系强度以及关系质量两个维度展开相关分析。

科技型小微企业的技术创新活动具有极强的不确定性，这就要求科技型小微企业与风险投资之间保持更高的交流频率和交流质量，信息和资源的流通也应该更加高效，信息和资源的交流往往会决定技术创新的成功与否。关系质量是衡量联盟伙伴间交易关系的重要指标，主要是指联盟双方关系的深度和氛围，是联盟伙伴间进行有效交流的前提，存在于交流互动的整个过程中。利兰德和斯特拉迪维克（Lilander and Strandvik）指出，关系质量是企业与客户在交流互动过程中形成的动态质量感知。杨（Young）等将近关系理论应用于企业间合作关系研究，发现企业间的良好关系为其提供了信息与资源交换平台，企业成员可以通过该平台获得发展所需的稀缺资源，而关系质量对该过程成效起到至关重要的作用，直接影响企业成长情况。徐建中等（2014）认为，关系质量较高的企业更容易通过合作获得丰富的互补性资源，而这些从合作中获得的独特资源是企业成长绩效提高的关键。风险投资与科技型小微企业作为合作的两方，在合作过程中为彼此提供资源和需求，关系质量越高，就越有利于提高双方信息、资源交流的数量和质量，因此也就越有利于小微企业获得创新活动所需的资源，从而促进技术创新绩效的提升。关系强度主要用来衡量联盟伙伴间联系的紧密程度以及信任程度，如果联盟伙伴间的交流越频繁，交流越深入，则说明关系强度越高。侯合银、王云波（2012）研究网络关系强度对企业技术创新绩效的影响，分析最优知识转移量、最优关系强度与企业技术创新绩效的影响关系，并提出个体理性条件下，关系强度对企业技术创新绩效的影响。风险投资与科技型小微企业所构建的网络关系强度越强，相互之间的信任程度越高，就越有利于风险投资与小微企业间的深入了解，相互之间信息沟通的渠道就越通畅，就越有利于风险投资与科技型小微企业间信息、资源的共享交流。同时，风险投资与小微企业的信息沟通渠道越畅通，就越能降低风险投资过程中产生摩擦和冲突的可能性，达成统一见的可能性就越大。风险投资与科技型小微企业间的合作与信任意识越强、信息交流越频繁，决策效率就越高，因此也就越能够促进科技型小微企业技术创新绩效的提升。

基于上述理论分析，本研究对组织网络特征的作用关系提出以下假设：

H2：关系强度在 VC-E 匹配度与企业技术创新绩效的关系中起着正向调节作用。

H3：关系质量在 VC-E 匹配度与企业技术创新绩效的关系中起着正向调节作用。

本研究构建的研究模型如图 8-1 所示。

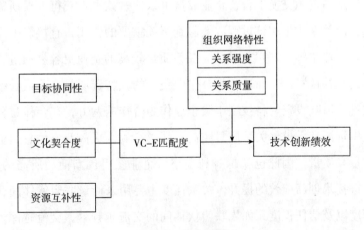

图 8-1 概念模型

8.2 研究设计

8.2.1 数据收集

本次研究的数据将通过问卷调查的方式获得，调查对象为新三板上的科技型小微企业。选择新三板上的科技型小微企业的原因主要有：（1）科技型企业是中国技术创新的主体，对于中国技术创新的发展具有重要意义，选取科技型企业作为研究对象，具有显著的现实意义；（2）科技型企业在技术创新过程中更需要风险投资的帮助，因此科技型企业与风险投资的联系更多；（3）新三板上的科技型小微企业大多都具有规模小的特点，更容易受到风险投资的青睐。本研究抽样企业行业属性包括生物医药、IT、新材料、电子信息技术等。在新三板上挑选出符合本次调查条件的企业，然后寻求当地科研机构和问卷调查机构的帮助，采取网络调查的方式开展调查。本次调查共发放400份问卷，回收335份，有效问卷为271份，问卷的有效回收率为67.75%。样本的行业分类信息如表8-1所示。

表8-1 样本行业信息

样本特征	特征情况	样本数量	所占比例(%)
	电子信息技术类	97	35.80
	生物技术类	18	6.64
	医疗器械技术类	40	14.76
所属行业	新材料及新能源类	33	12.18
	先进制造技术类	29	10.70
	IT类	42	15.50
	环境保护新技术类	12	4.42

8.2.2 变量测量

本研究采用Likert 5分法对问卷的各测量题项进行评分，1分代表完全不同意，2分代表比较不同意，3分代表不确定，4分代表比较同意，5分代表完全同意。为了保证问卷调查的有效性，所有测量题项均参考相关文献中成熟的量表，所有变量的测量题项情况如下。

VC-E匹配度测量：本研究将VC-E匹配度分为了目标协同性、文化契合度以及资源互补性三个维度。参照哈里根（Harrigan, 1988）、伦南和豪格兰（Lunnan and Hauglan，2008）、科恩和列文塔尔（Cohen & Levinthal，1990）、霍夫斯泰德（Hofstede，1991）、凯波和谢恩（Cable & Shane，1997）、弗林和查特曼（2001），威博和威博（2007），蒂特（Thite，1999），雷斯克（Resick，2007），陈卫旗（2009）的相关成熟量表，共设计9个测量题项。目标协同性测量题项为：（1）联盟双方就企业前景达成共识（A11）；（2）联盟双方彼此支持双方的战略目标（A12）；（3）通过合作，可以实现独立运作时无法实现的目标。文化契合度的测量题项为（A13）：（1）联盟双方都看重过程公平（A21）；（2）至目前为止，联盟双方暂未发现自利行为（A22）；（3）联盟双方的认知能力覆盖范围相似（A23）。资源互补性的测量题项为：（1）联盟伙伴的资源有助于提升自身竞争力（A31）；（2）合作中我方的资源是必不可少的（A32）；（3）联盟伙伴的资源对于项目完成具有促进作用（A33）。

组织网络特征测量：本研究将组织网络测量分为了关系强度和关系质量两个维度。参照拉维等（Lavie et al.，2007）、彭伟和符正平（2015）、李志刚（2007）；德维·格尼亚沃尔（Devi R. Gnyawall，2001）、武志伟（2007）、杨等（2000）、霍姆伦德等（2001）等的相关成熟量表，共设计6个测量题项。关系强度的测量题项为：（1）与联盟伙伴的互动很频繁（B11）；（2）与联盟伙伴之间彼此信任对方（B12）；（3）与联盟伙伴的合作中投入了大量资源（B13）。关系质量的测量题项为：（1）联盟关系持久（B21）；（2）联盟关系能一直保持公平（B22）；（3）联盟双方信息交流没有刻意隐瞒（B23）。

技术创新绩效测量：本研究参照克努特等（2001），泰（Tai，2001），萨姆森和阿切尔（Samson & Archelle，2007），萨（Son）、佩克·霍伊（Pek-Hooi，2010），程源、雷家骕和杨湘玉（2005），龙勇、王陆鸽（2010）等人的相关成熟量表，共设计3个测量题项：（1）良好的创新空间（C11）；（2）具有为创新提供的信息与知识共享平台（C12）；（3）专利数增加（C13）。

8.3 数据分析与结果

8.3.1 信度和效度分析

效度是指测量工具能够准确测量出事物真实情况的能力，能够反映数据的准确性。问卷效度的评判主要是为了检验问卷设计是否与本次研究内容相匹配，即判断问卷题项的设计是否合理。问卷的效度检验一般包括内容效度检验和结构效度检验。内容效度是一种定性而非定量的评价标准，主要通过经验判断进行，一般是寻求专家和有经验的业内人士进行评价，一般不需要进行数据分析。结构效度是指测量题项与测量方向之间的对应关系，主要是通过因子分析来进行评判，如果所有题项的因子载荷都大于0.7，则说明本次问卷的测量量表具有良好的结构效度。在进行因子分析之前需要对量表数据进行 KMO 检验和 Bartlett 球形检验，以此来判断量表是否具备做因子分析的条件。如果 KMO 值大于0.6，同时 Bartlett 球形检验显著性水平越接近0，则表明量表数据越适合做因子分析。分析结果表明本次问卷的所有维度的 KMO 值都大于0.6，Bartlett 球形检验显著性水平都接近于0，因此本研究的问卷可以进行因子分析。本书采取主成分分析法对各维度变量进行探索性因子分析，结果显示，所有测量题项的因子载荷都大于0.7，说明本研究问卷数据具有良好的结构效度。KMO 检验、Bartlett 球形检验以及因子分析的相关结果见表8-2。

表 8-2　　　　　　　　　　　探索性因子分析结果

维度	测量题项	载荷	取样足够度的 Kaiser-Meyer-Olkin 度量	Bartlett 球形度检验		
				近似卡方	f	Sig.
目标协同性	A11	0.850	0.782	268.230	6	0.000
	A12	0.810				
	A13	0.790				

续表

维度	测量题项	载荷	取样足够度的 Kaiser-Meyer-Olkin 度量	Bartlett 球形度检验		
				近似卡方	f	Sig.
文化契合度	A21	0.770	0.667	134.386	3	0.000
	A22	0.890				
	A23	0.750				
资源互补性	A31	0.810	0.766	226.373	6	0.000
	A32	0.870				
	A33	0.880				
关系强度	B11	0.780	0.764	305.468	6	0.000
	B12	0.720				
	B13	0.770				
关系质量	B21	0.890	0.794	323.502	6	0.000
	B22	0.760				
	B23	0.720				
技术创新绩效	C11	0.890	0.776	257.098	6	0.000
	C12	0.790				
	C13	0.810				

数据的信度反映的是数据的集中程度和统一性，数据越集中、越稳定，说明数据就越可靠，问卷的信度在于评价搜集上来的数据是否真实可靠，也就是检查填写问卷的这些人是不是认真地填写了问卷。问卷的信度分析一般采用 Cronbach a 系数法，检测的是问卷的内部一致性。一般认为 Cronbach a 系数值大于 0.7，则问卷信度较高，可以接受。本文运用 SPSS21.0 软件对量表进行信度分析检验。结果表示，所有测量变量的 α 系数值都大于 0.7，表明本研究的所有变量的测量量表都具有较好的信度。量表的信度检验结果见表 8-3。

表8-3 信度检验结果

变量	测量题项	信度	
		各维度 α 系数	量表 α 系数
目标协同性	A11	0.807	0.937
	A12		
	A13		
文化契合度	A21	0.821	
	A22		
	A23		
资源互补性	A31	0.931	
	A32		
	A33		
关系强度	B11	0.938	
	B12		
	B13		
关系质量	B21	0.893	
	B22		
	B23		
技术创新绩效	C11	0.785	
	C12		
	C13		

8.3.2 假设检验

本研究采用多元层级回归分析方法对提出的假设进行验证，经过 SPSS 21.0 软件计算处理得到的分析结果如表8-4 中数据所示。其中，为降低多重共线性的影响，将自变量和调节变量先做标准化处理，再将两者相乘得到交互项。

表8-4　层级回归分析结果

变量	技术创新绩效									
	M1	M2	M3	M4	M5	M6	M7	M8	M9	M10
企业年龄	-0.013	0.25	0.06	-0.037	-0.024	-0.052	-0.068	0.07	-0.153	-0.278
企业规模	0.032	-0.077	-0.008	0.092	0.054	0.019	0.055	-0.043	0.068	0.049
融资规模	-0.074	-0.231	-0.175	-0.114	0.348	0.423	0.021	-0.352	0.065	-0.063
投资阶段	0.050	0.045	0.012	-0.078	0.043	0.164	-0.066	0.004	-0.074	-0.029
目标协同性		0.616**	0.432**					0.363**		
文化契合度				0.591*	0.733***				0.448*	
资源互补性						0.498**	0.772**			0.379**
目标协同性×关系强度			0.217**							
文化契合度×关系强度					0.391**					
资源互补性×关系强度							0.251*			
目标协同性×关系质量								0.326**		
文化契合度×关系质量									0.292**	
资源互补性×关系质量										0.199*
R^2	0.017	0.286	0.251	0.323	0.382	0.353	0.385	0.357	0.259	0.244
ΔR^2	0.017	0.237	0.219	0.303	0.377	0.320	0.131	0.043	0.132	0.201
F	0.825	16.34**	17.28**	25.29**	22.76**	21.69**	19.37**	24.84**	23.50**	19.52**

注：* 为 $P<0.05$；** 为 $P<0.01$；*** 为 $P<0.001$。

1. VC-E 匹配度与技术创新绩效关系的假设检验

本研究提出假设：VC-E 匹配度对技术创新绩效具有正向影响。为了验证这个假设，以技术创新绩效为因变量，以 VC-E 匹配度的三个维度（目标协同性、文化契合度、资源互补性）为因变量，以企业年龄、企业规模、融资规模、投资阶段作为控制变量，建立层级回归模型，分别探讨 VC-E 匹配度的三个维度（目标协同性、文化契合度、资源互补性）对技术创新绩效的影响。模型 1 的实证数据显示本研究设置的所有控制变量对因变量都没有显著的影响，可以进行下一步的实证研究。模型 1 与模型 2 的实证结果数据对比表明，目标协同性对技术创新绩效具有显著的正向影响，因此假设 H1a 验证通过；模型 1 与模型 4 的实证结果数据对比表明，文化契合度对技术创新绩效具有显著的正向影响，因此假设 H1b 验证通过；模型 1 与模型 6 的实证结果数据对比表明，资源互补性对技术创新绩效具有显著的正向影响，因此假设 H1c 验证通过。VC-E 匹配度三个维度对技术创新绩效均具有显著的正向影响，因此本研究所提出的假设 H1 验证通过，也即是 VC-E 匹配度对技术创新绩效具有显著的正向影响。

2. 组织网络特征调节效应的假设检验

本研究假设组织网络特征在 VC-E 匹配度与技术创新绩效之间的关系中起到调节作用，并且从组织网络特征的两个维度（关系强度、关系质量）提出相应假设。假设 H2：关系强度在 VC-E 匹配度与技术创新绩效的关系中起着正向调节作用。模型 2 与模型 3 的实证结果数据对比表明，目标协同性与关系强度的交互项对技术创新绩效具有显著的正向影响，并且模型的解释能力显著增加（$\Delta R^2 = 0.219$），说明关系强度在目标协同性与技术创新绩效的关系中起到正向调节作用。模型 4 与模型 5 的实证结果数据对比表明，文化契合度与关系强度的交互项对技术创新绩效具有显著的正向影响，并且模型的解释能力显著增加（$\Delta R^2 = 0.377$），说明关系强度在文化契合度与技术创新绩效的关系中起到正向调节作用。模型 6 与模型 7 的实证结果数据对比表明，资源互补性与关系强度的交互项对技术创新绩效具有显著的正向影响，并且模型的解释能力显著增加（$\Delta R^2 = 0.131$），说明关系强度在资源互补性与技术创新绩效的关系中起到正向调节作用。

综合上述各模型的实证结果数据对比，我们可以认为，组织网络特征中的关系强度能够正向调节 VC-E 匹配度与技术创新绩效间的关系，也就是说，关系强度越强，就越有利于 VC-E 匹配度对技术创新绩效的促进，假设 H2 验证通过。

假设 H3：关系质量在 VC-E 匹配度与技术创新绩效的关系中起着正向调节作用。模型 2 与模型 8 的实证结果数据对比表明，目标协同性与关系质量的交互项对技术创新绩效具有显著的正向影响，并且模型的解释能力显著增加（$\Delta R^2 = 0.043$），说明关系质量在目标协同性与技术创新绩效的关系中起到正向调节作用。模型 4 与模型 9 的实证结果数据对比表明，文化契合度与关系质量的交互项对技术创新绩效具有显著的正向影响，并且模型的解释能力显著增加（$\Delta R^2 = 0.132$），说明关系质量在文化契合度与技术创新绩效的关系中起到正向调节作用。模型 5 与模型 10 的实证结果数据对比表明，资源互补性与关系质量的交互项对技术创新绩效具有显著的正向影响，并且模型的解释能力显著增加（$\Delta R^2 = 0.201$），说明关系质量在资源互补性与技术创新绩效的关系中起到正向调节作用。

综合上述各模型的实证结果数据对比，我们可以认为，组织网络特征中的关系质量能够正向调节 VC-E 匹配度与技术创新绩效间的关系，也就是说，关系质量越强，就越有利于 VC-E 匹配度对技术创新绩效的促进，假设 H3 验证通过。

8.4　本章小结

基于以上所有假设以及实证检验，我们可以发现，VC-E 匹配度能够有效地促进技术创新绩效的提升，因此风险投资与科技型小微企业在进行相互选择的过程中，不仅需要看对方是否符合自身需求，更需要注重双方的匹配度。组织网络特性在 VC-E 匹配度与技术创新绩效之间起到调节作用，其中关系强度越强，VC-E 匹配度就越能促进技术创新绩效的提升；关系质量越强，VC-E 匹配度也越能促进技术创新绩效的提升。因此，风险投资与科技型小微企业合作的过程中，双方应该尽量维护两者之间的关系，提升关系强度和关系质量，只有这样，才能更好地促进技术创新绩效的提升。

第 9 章

关系专用性投资与技术创新绩效：
VC 治理行为的中介作用

风险投资对技术创新的重要性已经得到国内外创业管理领域的共识，被视为支持科技型小微企业发展和技术创新的重要外源融资方式。它不仅为科技型小微企业提供发展的金融资本，而且还利用自身的知识资本帮助企业解决战略、公司治理、人力资源和外部创新合作等方面的问题。风险投资之所以能够扶持科技型小微企业，是因为它在制度设计上具备消除信息不对称、逆向选择与资金配给问题的能力。特别是"关系型融资"（relationship finance）制度的市场表现最佳，公认为风险投资家与科技型小微企业家（venture capitalist-entrepreneur，简称 VC-E）之间合作关系得以良性运转的制度保障。关系型融资的本质是投资者与融资者之间长期隐含而默契的契约（Elsas，2005），其表现是通过掌控融资者专有软信息而引导其建立长期稳定的合作关系。投资者与融资者之间"隐性契约"要转化为"显性契约"，必须借助关系专用性投资以收集双方专用软信息方式，进而实现"关系租"。在 VC-E 合作关系背景下，关系专用性投资是实现风险投资家与科技型小微企业家之间"关系租"的重要行为方式，其必然对技术创新起着不可或缺的影响作用。

目前学术界关于风险投资对技术创新的影响效应研究主要是从制度创新、技术创新效率（产业或企业层面）、非资本增值服务等三个方面进行。

这些研究偏重中宏观层面分析，微观层面的研究较少。仅有微观层面研究主要通过比较有或无风险投资背景科技型小微企业的创新效率而进行。但是在现实中，风险投资家与科技型小微企业家之间的合作关系对创新效率的影响至关重要。提蒙斯等（Timmons et al.，1988）曾指出，风险投资家与科技型小微企业家之间的良好合作关系对技术创新的影响胜过资金本身。作为VC-E合作关系的实现者——关系专用性投资影响技术创新的机理与路径以及其价值增值功能却长期受到忽视。基于此，本研究选择科技型小微企业为分析对象，考察关系专用性投资、VC治理行为与技术创新之间的关系及影响机制，以期达到如下目的：第一，探明在风险投资的关系型融资制度情境下，VC-E之间的关系专用性投资是否对技术创新有促进作用；第二，VC治理行为在关系专用性投资和技术创新的关系中能否起到中介作用；第三，进一步探索关系专用性投资对技术创新的影响是否存在不同属性关系专用性投资的影响效益差异及其路径选择的特征表现，以便更好地提高管理启示。同时本文的分析也为风险投资与技术创新之间合作关系的研究开创一个新思路。

9.1　文献回顾和理论假设

借助资源基础理论（resource-based view，RBV）的战略资源—战略行为—绩效的分析框架，在对相关文献归纳梳理的基础上提出关系专用性投资对技术创新绩效作用机理的概念模型（如图9-1所示）。

9.1.1　关系专用性投资理论

1. 关系专用性投资内涵

现有文献中关系专用性投资（relation-specific investment）有着不同的表述方式，如资产专用程度（asset specificity；Williamson，1985）、交易专用资产（transaction-specific asset；Heide & John，1988）、专用性投资（spe

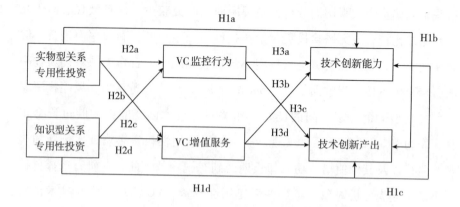

图9-1 关系专用性投资、VC治理行为与技术创新关系的概念模型

cific investment；Artz & Brush，2000）等。威廉姆森（Williamson，1991）基于交易成本理论，认为关系专用性投资是指某资产具有专门与特定的用途，在无法保有同样价值的条件下轻易转移到其他交易关系中。投资行为一旦产生，双方交易资产在可用年限内必须维持双方合作关系，若在缔约期间内遭到毁约，则进行关系专用性投资的一方会面临资产损失的困境。戴尔和辛格（Dyer & Singh，1998）依从社会交往理论，指出关系专用性投资是合作伙伴之间为建立相互依赖机制而进行的投资。以资源承诺和互惠为表征促进合作双方共同行动和信息分享以期减少"锁定效应"，进而实现价值创造目标。席林（Schilling，2000）立足资源基础理论指出，关系专用性投资是使合作组织系统内资源功能得到优化的系列投资行为，那些单独属于某类企业的异质资源通过关系专用性投资的催化之后，不但强化原有资源价值功能，而且实现了关系专用性投资之前的潜在价值。

2. 关系专用性投资维度

经过现有文献梳理与归纳，关系专用性投资有多个测量维度，而且不同维度对关系专用性投资有不同的度量。威廉姆森（1991）基于交易成本理论，将关系专用性投资分为六个维度，区域专属性（site specificity）指企业进行生产过程具有连续性特征，为减少存货与运输成本而考虑的关于地理位置问题的系列投资。实物资产专用性投资（physical asset specificity）是专门为特定产品或生产过程所做的投资。如生产某种特殊设计规格、模具或服务。人力专用性投资（human-asset specificity）是企业在特定项目中投入的且无法转移的人力资源，如通过"做中学"累积的经验或能力，包括人员培训、沟通、专业知识等。资产专属（dedicated assets）指针对特定的合作对象所进行的投资，此项交易的机会主义风险相当高。由于其资产专属性高，会引发专用性投资者因转换成本过高而无法转为其他用途，以致产生高度套牢，产生少数人交易问题。时效专用性投资（temporal specificity）是指企业生产过程中的环节时效问题，如上、下游产业链可能因存货或缺料问题导致整个活动在完成时间上有所延误以致产生企业价值损失。因此在生产过程中需严密掌控生产环节时效，高度防范策略性套牢行为的发生。王、黄和李（Wang，Huang & Lee，2001）将关系专用性投资分为"专项专用性投资"（dedicated specificity）、"IT 专用性资产"（IT specificity）、"过程专用性资产"（process specificity）。专项专用性投资指为与特定对象建立合作关系而在生产设备、人力资本与信息通信设施等专项资产方面的投资。IT 专用性资产是指利于企业之间信息共享与沟通的 IT 技术设备方面的投资。过程专用性资产是指利用企业之间合作关系建立的路径与互动过程方面的投资。布隆伯格（Blumberg，2001）将关系专用性投资分为"实物资本专用性投资"（physical capital）、"人力资本专用性投资"（human capital）、"社会资本专用性投资"（social capital）。实物资本专用性投资是指企业之间为构建合作关系与延伸交易空间而进行的实物资产方面的投资。人力资本专用性投资指企业之间构建合作关系过程中对人力资源的投资。社会资本专用性投资指企业在构建社会网络方面的投资，如商业拜访、商业邀请等。杰普和安德森（Jap & Anderson，2003）将关系专用性投资分为有形关系专用性投资（tangible investment）和无形关系专用性投资（intangible investment）两大类。有形关系专用性投资包括生产设备、工具和厂房等合作双方在实物资产方面的投资。无形关系专用性投资包括默会知识、技术能力和诀窍等无形资产方面的投资。武志伟等（2008）将关系专用性投资确定为两个维度：普通关系专用性投资和人情关系专用性投资。普通关系专用性投资包括以土地、机械设备为代表的有形关系专用性投资与以人力资本为代表的无形关系专用性投资的两个构面。霍特克和梅勒韦格特（Hoetker & Mellewigt，2009）将关系专用性投资分为产权类资产、知识类资产两类。其中产权类资产关系专用性投资是指那些专门为支持联盟行为而定制的实物类资产，如汽车研发联盟所需特制的生产设备等。知识类资产关系专用性投资是指由于联盟关系的形成而相机产生的各种新知识，一旦脱离联盟的载体，这类知识效力会逐渐减弱。王等（Wang G. et al.，2013）认为，关系专用性投资存在两个维度，即组织层面关系专用性投资（interorganizational RSIs）和个人层面关系专用性投资（interpersonal RSIs）。组织层面关系专用性投资是企业之间基于合作历史与契约条款构建合作关系的投资，即使企业合作期间涉及人员的更换也不能影响企业之间的合作决策。个人层面关系专用性投资是企业边界人为构建企业之间合作关系进行的具有典型个人社会网络特征的交互行为，包括企业边界人之间知识共享、交往范式、个人承诺与互惠等等内容。

通观学者提出的关系专用性投资结构要素，大体可以归纳为两个方面：一是关系专用性投资的资产属性；二是关系专用性投资的层级属性。风险投资是一种关系性融资，依据塞伯德等（Shepherd et al.，2001）的观点，风险投资家和科技型小微企业家之间相对稳定的合作关系构建的基础是信任和互惠。尤其对于以交换缄默知识为主且知识密集型的科技型小微企业而言，关系专用性投资的作用更为独特，其不由传统的"物质资本"构成，而大部分由"知识资本"构成。风险投资产业中 VC 带给科技型小微企业的不仅仅是资金，更多的是在企业中扮演战略层面、运营层面以及个人层面的多维角色。这使得 VC-E 合作关系既具有商业利益导向，又具有社会交往导向，既是交易伙伴又是朋友。风险投资家集金融资本、知识资本于一身，分阶段投资及与其配合的时间期权和非竞争契约条款本质上就是 VC-E 之间的关系专用性投资（张珉等，2005）。其中非竞争契约的关键特征"不是债权式依赖，而是相互专用资源之间的生产性服务流依赖"。契约双方试图通过专用性投资形成"双边承诺"。基于关系专用性投资的资本属性，本研究认为，VC-E 合作背景下，关系专用性投资应分为实物型关系专用性投资（property-based RSI）与知识型关系（knowledge-based RSI）专用性投资两个维度。

3. 关系专用性投资与技术创新绩效

本研究认为，VC-E 之间关系专用性投资会显著影响技术创新绩效。关系专用性投资是企业之间构建合作关系的首要条件，是组织之间实现协同效应的关键。戴尔和辛格（1998）指出，关系专用性投资能引发企业之间良性互动，从而产生关系能力，并通过关系能力整合不同组织的优势资源以全新、有效的方式产生准租金收入。风险投资是一种信息极不对称的产业，其资源分配高度不均衡。为了确保市场的自由竞争和企业发展的公平环境，需要正式制度与非正式制度相结合以平衡资源配置。尤其在现阶段我国正处在特殊经济转型阶段，非正式制度即关系网络在市场经济不完善的今天发挥着重要的调节作用，因此激发正式制度的政策与非正式制度的关系协同效应的行为——关系专用性投资，无论对风险投资家或科技型小微企业家均是势在必行的组织行为。

不同属性的关系专用性投资对关系质量类别、关系网络结构位置差异以及获取与整合资源方式有着不同的影响机制（Hoetker & Mellewigt，2009）。在 VC-E 合作关系背景下，关系专用性投资作为一种拓展资源的机制，它象征投资者对合作关系的承诺与意愿，是锁定长期合作关系的信号显示。由于机会主义行为的存在，关系专用性投资与正式契约呈显著正向关系，即关系专用性投资规模越大，契约的复杂程度越高（Poppo & Zenger，2002）。依据交易成本理论，正式契约被视为关系专用性投资者防范机会主义风险的主要工具，是因为它可凭借规则、制度、程序约束合作企业的行为以促其有效履约。一旦合作伙伴违约，必然受到契约相关条款的惩治。因此关系专用性投资者为保护自身利益，一般采用强化契约条款来保护关系专用性投资。在风险投资领域，风险投资家主要通过设计分阶段融资契约和对赌契约来避免其关系专用性投资被"敲竹杠"的风险。

相比较知识型关系专用性投资，实物型关系专用性投资更易促使正式契约条款的复杂化。根据霍特克和梅勒维格特（Hoetker & Mellewigt, 2009）的研究结果，相比关系治理机制，采用实物型关系专用性投资的合作组织更倾向选择正式契约机制防范机会主义风险。赵和王（Zhao & Wang, 2011）指出，在提升营销渠道效率过程中，相比知识型关系专用性投资，实物型关系专用性投资更易激发合作企业运用正式契约来规范和约束双方的行为，且投资规模越大，契约条款的复杂程度越高。风险投资领域，正式契约意味行为规则、程序和政策。契约条款内容越宽泛与复杂，越容易引发风险投资家和科技型小微企业家彼此的防范心理和正式权力对抗，双方合作关系更多表现为"法治理性"，而非是以信任为基石的"社会理性"，契约条款和规则虽可规范双方行为，但也限制双方超越契约关系的合作界限，致使双方知识与信息共享与交流仅限于显性知识层面，不利于隐性知识的交叉与融合。同时，过于强调契约反而促使双方重视正式权力的保障作用，增加冲突与机会主义行为的发生概率（Jap, S. D. & Anderson, E, 2003）。塞伯德和扎卡拉基斯（Shepherd, D., & Zacharakis, A., 2001）通过模型证明契约制定越完备，合作伙伴越容易发生超越契约界限的机会主义行为。另外，契约制定和实施需要成本支撑，且契约的复杂性与成本耗费呈显著正相关。无论是风险投资家或是科技型小微企业家，因时间与精力的有限性，一旦将其过度耗费在契约制定与执行方面，必然影响技术创新资源的配置，由此导致技术创新效率减缓。为此，提出假设：

假设1a：实物型关系专用性投资负向作用于科技型小微企业的创新能力。

假设1b：实物型关系专用性投资负向作用于科技型小微企业的创新

产出。

相对实物型关系专用性投资，知识型关系专用性投资倾向强化合作企业之间的关系学习行为（Zhao & Wang，2011）。风险投资家与科技型小微企业家之间知识型关系专用性投资包括双方地理环境、创新技能、管理流程与技术水平等方面知识的分享与融合。知识分享实质是一个动态过程，需要适当的关系结构来治理和促进这个过程。而知识型关系专用性投资不仅提升风险投资家与科技型小微企业家之间的社会与经济联系，而且孕育出一个促使技术探索和知识共享的平台，促使双方在拓展自身知识存量的同时，还能因知识交叉形成突变创新而产生新的知识。因此，知识型关系专用性投资作为合作伙伴有效知识分享的坚实后盾，推动 VC-E 彼此之间就管理经验、企业文化、技术诀窍等知识之间的互动，并在此基础上强化双方的关系学习行为。依据凯尔等（Kale et al.，2000）以及赵和王（2011）的研究结果，关系学习行为引发三种优势效应：第一，降低合作成员间交易成本和化解机会主义风险，促进自我履约机制的自发产生；第二，促进合作成员之间开放式沟通，增强交互的质量以共享资源、知识和技能等，提升成员的技术能力，从而实现较高的技术创新绩效；第三，促进合作成员相互依赖与共同解决问题，有利化解成员合作过程中出现的各种冲突，并将其合理转化为良性合作效应。基于此，提出假设：

假设1c：知识型关系专用性投资正向作用于科技型小微企业的创新能力。

假设1d：知识型关系专用性投资正向作用于科技型小微企业的创新产出。

9.1.2 关系专用性投资与 VC 治理行为

治理是组织之间为使相互冲突的利益或不同目标得以调和并采用联合行动的持续行为方式的总和。本文借鉴郑晓博等人（2012）对 VC 治理行为分类，将风险投资家的治理行为分为监控行为（supervision and control）

和增值服务（value-added service）。监控行为是 VC 立足委托代理理论形成的 VC 投资后对企业的监管活动，这种行为出现在科技型小微企业家拥有典型的信息优势，且 VC-E 两者存在目标和利益严重分歧的情景之下。增值服务是由于 VC 和科技型小微企业因资源相互依赖而出现的投资后服务行为。

在 VC-E 合作关系中，关系专用性投资一旦投入，双方就会"锁定"在特定的交易关系领域。若该投资再作为他用，就不得不承受价值的损失。因此专用性投资的补偿依赖于接受方的善意行为。因风险投资家和科技型小微企业家都是"有限理性"，关系专用性投资的接受方易将投资方对自身的依赖作为谈判的筹码，做出"敲竹杠"的机会主义行为，以获取更大的份额利益。正因如此，关系专用性投资方往往在谈判与监督契约执行中面临交易成本增加的风险。谢恩等（2004）通过博弈模型得到结论，关系专用性投资方担心接受方掠取资产的程度随着关系专用性资产规模的增加而增加。科技型小微企业的特点是将"技术创新"引入企业成长过程，其资源配置过程具有开发性、组织性和战略性。由于技术创新的高风险性与高度不确定性，科技型小微企业治理行为必须包涵组织资源整合和内部人控制等两方面的内容。风险投资家的实物型关系专用性投资表明其对合作关系的物质承诺，为技术创新提供物质条件。为了保障实物型关系专用性投资的安全性、流动性、收益性以及更好地掌控合作关系，风险投资家在与科技型小微企业家进行博弈过程中，产生以管理监控为核心的自我保护机制（Poppo & Zenger，2002）。正如威廉姆森认为，为了保护专用性资产，交易伙伴之间必须形成组织和契约，保护专用性投资方免受"套牢"或"敲竹杠"机会主义行为的侵害，并使"交易成本最小化"。主流经济学家认为，绝大多数情况下，实物型资本相对知识型资本更具有"专用性"，所需保护程度优于知识型资本。关系专用性投资实质上是当事人向特定交易下了赌注，承担风险，应该得到相应的控制权和风险报酬。尤其是实物型专用性资产缺乏流动性，面临事后被套牢的风险，并且在一定程度上承担着合作关系破裂导致交易失败的风险。因此关系专用性投资者在事前必然要求获得包括足够的风险佣金在内的保留收入，即风险投资家对科技型小微企业家提出的参与约束或个人理性约束条件。在风险投资领域，"投资者"对这个保留收入的索取权因科技型小微企业家自身资产的约束与创新技术的"专有性"演变为"控制权"，目的在于风险投资家以委托人身份对科技型小微企业家（代理人）的机会主义行为实行监督控制权力，防范关系专用性投资产生的"关系租"被剥削。风险投资家的实物型专用性投资规模越大，对科技型小微企业的控制权比例要求就越多。"控制权"只是一种状态依存的权力，有特定的实施范围和条件，仅以防止"关系租"被剥削为限。依从"专用性"投资者防范机会主义风险的逻辑，资产专用性越强，合作关系的"下赌注者"参与科技型小微企业所要求获得的控制权和风险佣金就越大，即风险投资家的参与约束条件就越严格。

风险投资家的知识型关系专用性投资是指风险投资家为了能够识别科技型小微企业家才能或创新项目潜在商业价值而专门学习或引进的一种私权性知识资源。主要体现在以下几个方面：第一，风险投资家专门学习识别高度信息不对称行业中企业的核心能力和竞争优势；第二，风险投资家学习具有识别和引导科技型小微企业特定组织制度规范和企业文化的隐性知识；第三，风险投资家搜寻和掌握科技型小微企业所处行业市场和竞争对手的最新动态信息。知识型关系专用性投资实质上是风险投资家为了维系科技型小微企业家长期合作关系，实现共同技术创新目标的管理能力和努力水平的物质体现。其程度表示风险投资家嵌入科技型小微企业家社会网络的努力水平，通过促进双方的关系学习活动，增强双方的彼此依赖。在创新为导向的科技型小微企业运作环境下，知识型关系专用性投资的"产权激励"将以"关键知识获取权"代替"传统物质资本产权"的治理行为。依据拉詹和津加莱斯（Rajan & Zingales，1998）提出的"进入权"理论，知识型关系专用投资将引起合作双方之间的"知识治理"机制，合作双方彼此开放其"关键知识资源进入权"即主动的知识共享途径,以共同解决问题的方式形成稳定的协同创新关系。对于风险投资家而言,这恰是其对科技型小微企业投资后提供的增值服务范畴。戴尔和辛格(1998)指出,知识型关系专用性投资可促使企业之间频繁且密集的显性知识与隐性知识互动,这种互动实质是组织间的关系学习并引发关系能力的提升。而关系能力,恰是改善合作双方的交易行为及中长期策略制定方面的效率,并奠定企业长远的竞争优势的重要因素。另外,知识型关系专用性投资代表风险投资家参与科技型小微企业共同参与技术创新的努力程度,显示其对合作风险的"承诺"与对科技型小微企业家的"信任",有助于双方彼此深入了解与形成默契,也因此有更多机会将风险投资家和科技型小微企业家各自的"专有性"知识充分融合,形成全新知识以提升企业的价值创造力。为此本研究认为,通过知识型关系专用性投资,特别是与科技型小微企业相关的技术创新流程与技术资源的投资,风险投资家不再单纯是金融资本的提供者,将承担涉及战略层面、运营层面、个人层面等多层次的角色,与科技型小微企业家一起创造出适合企业运作的规范程序与整合能力,进而提升企业价值,最终实现预期投资收益。据此,本研究提出假设:

假设 2a:实物型关系专用性投资正向作用于 VC 监控行为。

假设 2b:实物型关系专用性投资负向作用于 VC 增值服务。

假设 2c:知识型关系专用性投资负向作用于 VC 监控行为。

假设 2d:知识型关系专用性投资正向作用于 VC 增值服务。

9.1.3　VC 治理行为与技术创新绩效

技术创新绩效有两个构面,即创新能力和创新产出,VC 治理行为对其有着显著影响。科技型小微企业因缺乏管理经验,风险投资家向其提供初始投资后,将以董事会成员或其他方式对企业运营进行监督和控制,即 VC 监控。VC 监控行为包括监控财务绩效、监控市场营销状况、监控管理层运作等。风险投资家监控行为的目的是确保资金安全，实质却产生市场中的金融抑制效应。一旦 VC 和 E 利益目标产生冲突，金融抑制将转化为管理压制，引发科技型小微企业家的对抗意识进而阻碍技术创新。无论是显性的正式权力对抗或是隐性的意识反叛，均会对双方的合作关系产生负面影响。压抑氛围下的合作使彼此间的承诺逐渐演化为防范或冲突，阻碍知识和技术的自发性吸收与新知识的创造，最终影响企业创新能力和创新产出的提升。斯塔克温加滕（Stuck & Weingarten，2005）花费 10 年对1303 家电子类科技型小微企业的追踪调查，发现风险投资家在企业经营管理过程中极其强调监控行为，目的在于化解投资风险，甚至为了尽快获取利润而不惜将未成熟的企业推向资本市场，这些行为严重阻碍企业创新能力的提升。国内学者认为，拥有科技型小微企业的股权比例是风险投资家实行监控行为程度的最佳体现。股权比例越大，风险投资家对科技型小微企业的董事会、投票权和清算权等控制权的掌控力度越大。对企业控制权的掌握将使得风险投资家通过人为提升企业投资回报和预期收益以尽早包装企业上市成为可能，并因此造成企业创新能力和创新产出下降（侯建仁等，2009）。同时，风险投资家在企业董事会占有的席位比例越大，对企业成长约束力度越大，必将造成"控制"与"成长"的"棘轮效应"（党兴华等，2008）。由此提出假设：

假设 3a：VC 监控行为负向作用于科技型小微企业的创新能力。

假设 3b：VC 监控行为负向作用于科技型小微企业的创新产出。

VC 增值行为包括完善商业计划、制定企业发展战略、招聘管理团队核心人员以及帮助企业获得潜在客户和供应商等（Sapienza et al.，1996）。当科技型小微企业实施开放式创新战略过程中面临技术资源匮乏问题，风险投资家对科技型小微企业资源网络的 Keiretsu 效应可提升科技型小微企业家的声誉，并提升科技型小微企业家在同业中的创新能力和创新实力（Robinson & Stuart，2000）。除此之外，风险投资家自身丰富的金融知识和广阔的社会网络资源可为其解决企业发展的后续资金问题。风险投资家一般与银行、基金组织、保险公司等金融机构有着密切的合作关系，能在适当的机会帮助科技型小微企业公开上市（IPO）或者发行债券融资，让企业获得充足的外源资金进行技术创新。再者，科技型小微企业若获得良好声誉效应的风险投资家的资助，其技术能力因风险投资家的认证极易获得同行的信任，由此吸引更多投资者的关注。一旦创新资金充足，科技型小微企业拥有足够的能力拓宽开放式创新所需的技术资源，雇用高水平科技人才，从而提升企业的技术创新能力（Davila et al.，2003）。阿尔瑟萨和布塞尼茨（Arthursa & Busenitz，2003）的研究结论揭示，风险投资家的后续融资服务对科技型小微企业的生存、发展与战略选择有着重要的影响，尤其是技术创新绩效。因此，本研究提出假设：

假设 3c：VC 增值服务正向作用于提升科技型小微企业的创新能力。

假设 3d：VC 增值服务正向作用于提升科技型小微企业的创新产出。

9.2　研究方法

9.2.1　样本选择和数据收集

本书选择以科技型小微企业为研究对象，采用问卷调查与深度访谈的方式收集数据。被调研企业是具有风险投资背景的科技型小微企业，抽样对象参考以往文献关于科技型小微企业成立的时间、VC-E 合作时间等方面的研究结果，向风险投资机构投资 1 年以上、5 年内尚未 IPO 且成立时间未超过 8 年独立的科技型小微企业发放问卷。问卷发放时间为 2013 年 2 月至 2013 年 10 月。样本中风险投资家的属性是正规的独立风险投资机构，而非公司型风险投资机构和天使投资人。抽样企业所属行业涉及 IT、电子信息、生物医药等。地理范围选择以北京、深圳这两个风险投资行业发展态势良好的地区为主，再辅以重庆、西安、成都、武汉等西部核心城市。数据收集程序如下显示：首先，基于文献、企业深度访谈与实地调研的基础上设计出调查问卷，并在重庆市选出 10 家企业进行小样预测，根据反馈建议对问卷进行修改，形成最终调查问卷。其次，通过电话访谈、调查问卷分发以及与当地科研机构合作等方式收集数据。重庆和成都的调研主要集中在高新区，采用企业访谈和上门调研为主，其他地区调研则采用电话和与当地科研机构合作的形式。每个地区的调研均得到与相关管理机构的支持，较高效率地保证了数据采集的顺畅和可信性。

本次问卷总发放份数是 630 份，回收的有效问卷为 264 份。其中笔者所在的研究团队到实地发放调查问卷有 90 份，有效问卷为 82 份。利用电话访谈的方式填写问卷份数是 200 份，有效问卷为 121 份。除重庆和成都以外的地区均委托当地的研究机构帮助发放调查问卷，份数总额为 340 份，回收 105 份，有效问卷为 61 份。总计回收问卷的份数是 395 份，回收率为 62%，剔除其中缺失项大于 20% 的 131 份问卷，有效问卷份数是 264 份，占比为 41.9%。

9.2.2　变量测量

本研究所有变量均来自国外文献。首先对其进行汉语翻译，然后经过三位教授和四位博士生的讨论，修改后形成初始中文问卷。其后再将其翻译成英文，与原英文问卷进行对比并修改偏差，形成最终测试问卷。为了让企业员工更易理解问卷测量项目的意思，本研究先请 MBA 学员对语句陈述进行讨论，在不改变原测量项目意义的基础上，尽量选择通俗易懂的陈述方式。所有量表按照丘吉尔（Churchill）提出的多步骤流程，采用 Likert 五分量表对变量进行测度。

（1）关系专用性投资：借鉴德克和哈利（Dirk & Harry，2001）、安德利亚和盖莱伊（Andrea & Gelei，2014）的研究，实物型关系专用性投资以三个项目来测量："双方调整公司的融资计划配合客户的特殊需求，且不易移作他用""双方更新业务流程以满足对方特殊需求，且不易移作他用""双方商讨和修订商业计划书，且不易移作他用"。知识型关系专用性投资以三个项目来测量："双方建立自愿性信息披露制度，且不易移作他用""双方均对自己相关人员进行技术培训，且不易移作他用""熟悉对方的业务规定和相关人员，且不易移作他用"。

（2）VC 监控行为：依据普鲁提等（Pruthi et al., 2003）、戈佩斯和勒纳（Gompers & Lerner, 2004）、克诺克特和瓦纳克（Knockaert & Vanacker, 2011）等的研究结果，将 VC 监控行为分为财务管理、信息追踪和控制权配置三个维度。其测量项目分别为："监控企业资金运用""监控企业财务状况""监控企业资产处置行为"；"监控企业市场营销状况""监控企业运营绩效""监控企业重大人事变动"；"监控企业董事会运行""监控企业重大决策制定""监控企业所有权变动"。

（3）VC 增值服务：参考戴维和史蒂文（David and Steven, 2008）的测度，将 VC 增值服务分为三个维度，即联盟资源整合、战略管理指导以及后续融资帮助。其测量项目分别为："帮助企业组建市场联盟""帮助企业组建技术联盟"；"帮助企业制定发展战略""帮助企业招募员工""帮助企业制定合理生产计划""帮助企业拓展与政府部门的联系"；"帮助企业与外部投资者沟通""帮助企业建立与金融机构的关系网络""帮助企业获取外源融资资源"。

（4）技术创新绩效：参考泽尼斯基和希莱克（Zenisky & Sirect, 2002）以及高建等（2004）的研究结果，分为两个维度测量即技术创新能力和技术创新产出。技术创新能力的测量题项为："企业现有良好的技术创新空间""企业具有良好的技术创新氛围""企业可为技术创新提供信息和知识共享平台""企业管理团队具有强烈的创新欲望和责任心"。技术创新产出的测量题项为："企业开发新产品的周期显著缩短""企业拥有的专利数明显增加""企业现有的技术范围显著扩大""企业现有技术具有根本性的改进"。

9.3　数据分析与结果

9.3.1　效度与信度分析

1. 聚敛效度

为了检验变量的聚敛效度，本书运用 SEM 对量表进行验证性因子分析。将 264 份样本数据输入 Lisrel8. 80，分别对各变量测量模型展开分析。

技术创新绩效 2 因子模型能较好拟合样本数据。验证性因子分析各项拟合指标见表 9-1，均达最低可接受标准，CR 为 0. 91，高于 0. 5 最低接受水平，说明该测量题项具有较好的聚敛性。VC 治理行为 2 因子模型能较好拟合样本数据，各测量题项的标准化因子载荷除了"监控企业资产处置行为"和"帮助企业制定合理生产计划"为 0. 492 和 0. 471，略低于 0. 5，其余均在 0. 5 之上，t 值均达到显著水平该，CR 为 0. 75，显示该测量具有较好的聚敛性。关系专用性投资 2 因子模型能较好拟合样本数据，验证性因子分析各项拟合指标可见表 9-2。除了 RMSEA 外，其他拟合指标均在可接受范围之内。各测量题项的标准化因子载荷除了知识型关系专用性投资中的"双方建立自愿性信息披露制度，且不易移作他用"为 0. 48，略低于 0. 5 之外，其余题项都大于 0. 5，t 值也均呈现显著性水平，CR 为 0. 84，高于 0. 5 的最低可接受界限。指标综合显示，该测量题项聚敛程度可接受。

表 9-1　　　　　　　　**构念测量模型的整体拟合指数（N = 264）**

	χ^2/df	GFI	CFI	NNFI	IFI	SRMR	RMSEA	CR
标准	<5. 00	>0. 90	>0. 90	>0. 90	>0. 90	<0. 08	<0. 08	>0. 50
技术创新绩效	2. 83	0. 95	0. 96	0. 94	0. 90	0. 062	0. 072	0. 91
VC 治理行为	4. 13	0. 93	0. 90	0. 86	0. 98	0. 058	0. 069	0. 75
关系专用性投资	3. 51	0. 92	0. 91	0. 91	0. 95	0. 076	0. 091	0. 84

表 9-2　　　　　　　　变量区分效度验证性因子分析结果 （N = 264）

模型	因子	χ^2/df	NFI	NNFI	CFI	IFI	RMSEA
Model1 6 因子	IC, IO, S&C, VAS, PRSI, KRSI	3.17	0.88	0.90	0.92	0.91	0.071
Model2 5 因子	IC, IO, S&C, VAS, PRSI + KRSI	4.18	0.82	0.83	0.88	0.86	0.150
Model3 5 因子	IC, IO, RSI, KRSI, S&C + VAS	4.90	0.75	0.79	0.82	0.80	0.190
Model4 5 因子	S&C, VAS, PRSI, KRSIIC + IO	6.07	0.70	0.63	0.77	0.74	0.230
Model5 3 因子	IC + IO, S&C + VAS, PRSI + KRSI	6.88	0.61	0.58	0.71	0.67	0.310
Model6 1 因子	IC + IO + S&C + VAS + PRSI + KRSI	10.17	0.54	0.51	0.65	0.61	0.440

注：IC 表示创新能力；IO 表示创新产出；S&C 表示 VC 监控行为；VAS 表示 VC 增值服务；PRSI 表示实物型关系专用性投资；KRSI 表示知识型关系专用性投资；" + "表示前后因子合并为一个因子。

2. 区分效度

为了检验变量的区分效度，本研究采用竞争模型比较法对一系列具有嵌套关系的因子模型进行比较。本研究涉及 6 个变量，将 6 因子模型作为基准模型首先进行验证性因子分析，然后根据 PH 矩阵将相关系数较高的因子两两合并为一个因子共形成 6 个嵌套模型，再分别对各个模型进行验证性因子分析。结果如表 9-2 所示。由表 9-2 数据可得知，假设的 6 因子嵌套模型拟合度较好，而备选的 5 因子、3 因子、1 因子嵌套模型的拟合指数明显不如 6 因子模型。这表明 6 因子模型的主要变量之间有良好的区分效度。

3. 信度检验

本研究利用 SPSS17.0 对量表信度进行分析。结果如表 9-3 所示，量表测量项目 α 系数均在 0.7 以上，说明各变量的测量项目具有较好的一致性和稳定性。

表 9-3   信度分析结果

变量	维度	题项数	Alpha	解释方差
关系专用性投资	实物型关系专用性投资	3	0.7135	61.033%
	知识型关系专用性投资	3	0.7907	69.053%
VC 治理行为	VC 监控行为	9	0.7314	69.185%
	VC 增值服务	9	0.7651	72.160%
技术创新绩效	创新能力	4	0.8117	73.093%
	创新产出	4	0.8092	71.504%

9.3.2 变量的相关分析

本研究利用 SPSS17.0 对各变量的均值、标准差与变量间的相关系数进行分析，具体数据如表 9-4 所示。关系专用性投资的两个维度即实物型关系专用性投资与知识型关系专用性投资之间呈显著正相关；VC 治理行为的两个维度即 VC 监控行为与 VC 增值服务之间呈显著正相关；技术创新绩效的两个维度即创新能力与创新产出之间显著正相关。VC 监控行为与创新能力、创新产出显著负相关，VC 增值行为与创新能力显著正相关，与创新产出正相关且统计不显著。实物关系型专用性投资与创新能力显著负相关，与创新产出呈正相关且统计不显著，与 VC 监控行为显著正相关，与 VC 增值服务显著负相关。知识型关系专用性投资与创新能力、创新产出显著正相关，与 VC 监控行为显著负相关，与 VC 增值服务显著正相关。

表 9-4   变量的均值、标准差和变量间相关系数（N = 264）

变量	均值	标准差	1	2	3	4	5
1. 创新能力	3.062	0.703					
2. 创新产出	3.148	0.600	0.491**				

续表

变量	均值	标准差	1	2	3	4	5
3. VC 监控行为	3.137	0.653	-0.394 *	-0.205 **			
4. VC 增值服务	3.533	0.801	0.381 ***	-0.124	0.276		
5. 实物型关系专用性投资	3.074	0.822	-0.091	1.089	0.066 **	-0.170 **	
6. 知识型关系专用性投资	2.790	0.901	0.197 ***	0.215 *	-0.134 *	0.563 **	0.113 *

注: * 表示显著性水平, * 表示 P<0.05, ** 表示 P<0.01, *** 表示 P<0.001, 双尾检验, 回归系数均为标准值。

9.3.3 假设检验

为了验证假设关系, 本研究采用 Amos17.0 软件对预期结构方程模型进行检验, 通过路径分析来验证关系专用性投资对技术创新绩效的直接效应, 根据巴若和肯尼 (Baron and Kenny) 提出的中介效应检验步骤来验证 VC 治理行为的中介效应。

1. 直接效应检验

通过全模型方法, 对假设路径模型检验数据如表9-5所示。实物型关系专用性投资对创新能力 (r = -0.493, P<0.01) 有显著负向影响, 假设 1a 得到实证数据支持; 实物型关系专用性投资对创新产出 (r = 0.029, P>0.05) 有正向影响但统计不显著, 假设 1b 没有得到实证数据支持。知识型关系专用性投资对创新能力 (r = 0.171, P<0.001) 有正向影响且统计显著, 假设 1c 得到实证数据支持; 知识型关系专用性投资对创新产出 (r = 0.384, P<0.05) 有正向影响且统计显著, 假设 1d 得到实证数据支持。由此可知, 假设 1a、1c、1d 得到支持, 而 1b 未通过验证。

表 9-5　　　　　　　　关系专用性投资对技术创新绩效的回归结果

自变量	因变量	
	创新能力	创新产出
实物型关系专用性投资	− 0. 493 **	0. 029
	(− 1. 17)	(2. 33)
知识型关系专用性投资	0. 171 ***	0. 384 *
	(2. 59)	(2. 28)

注：表格第一行数值是完全标准化路径系数，表示内生潜变量被外生潜变量解释的变异量；第二行数值是 t 值，＊表示 p < 0.05；＊＊表示 P < 0.01；＊＊＊表示 P < 0.001，N = 264。

2. 中介效应检验

本研究构建关系专用性投资—技术创新绩效的直接效应、VC 治理行为的部分中介效应和完全中介效应三个模型，根据样本数据对这三个模型的拟合指数进行比较，结果如表 9-6 所示。综合各项拟合指标显示部分中介模型拟合最优。具体分析过程如下：

首先，检验关系专用性投资对 VC 治理行为的直接效应及其显著性。表 9-6 中实物型关系专用性投资对 VC 监控行为的标准化路径系数为 0.218，显著性 P 值小于 0.001，即拒绝路径系数显著为 0 的假设，表示两者呈显著正相关。假设 2a 得到证实。实物型关系专用性投资对 VC 增值服务的标准化路径系数为 − 0.028，显著性 P 值小于 0.05，表示两者呈显著负相关，假设 2b 得到证实。知识型关系专用性投资对 VC 监控行为的标准化路径系数为 − 0.039，显著性 P 值小于 0.05，表示两者呈显著负相关，假设 2c 得到证实。知识型关系专用性投资对 VC 增值服务的标准化路径系数为 0.203，显著性 P 值小于 0.001，表示两者呈显著正相关，假设 2d 得到证实。

其次，确定 VC 治理行为对技术创新绩效的系数是否显著，同时确认关系专用性投资对技术创新绩效的系数是否显著。若此时该系数显著，则说明该模型具有不完全中介效应，反之，若此系数不显著，则说明该模型具有完全中介效应。由表中数据显示，VC 监控行为对创新能力的标准化路径系数是 -0.571，显著性 P 值小于 0.05，表示两者呈负相关，假设 3a 得到证实。VC 监控行为对创新产出的标准化路径系数是 -0.257，显著性 P 值小于 0.05，表示两者呈显著负相关，假设 3b 得到证实。VC 监控行为的中介效应成立。同时实物型关系专用性投资对创新能力的标准化路径系数为 -0.493，显著性 P 值小于 0.05，显示两者呈显著负相关，假设 1a 成立；实物型专用性投资对创新产出的标准化路径系数为 0.092，显著性 P 值大于 0.05，假设 1b 未得到实证数据支持，VC 监控行为其不完全中介效应成立。

VC 增值服务对创新能力的标准化路径系数为 0.174，显著性 P 值小于 0.05，表示两者呈显著正相关，假设 3c 得到证实。VC 增值服务对创新产出的标准化路径系数为 -0.449，显著性 P 值小于 0.01，假设 3d 未得到证实。VC 增值服务的中介效应成立。知识型关系专用性投资对创新能力的标准化路径系数为 0.171，显著性 P 值小于 0.05，假设 1c 成立；知识型关系专用性投资对创新产出的标准化路径系数为 0.384，显著性 P 值小于 0.001，假设 1d 成立，VC 增值服务的不完全中介效应成立。

表 9-6 不同结构方程模型比较

结构方程模型	χ^2	df	$\Delta\chi^2$	χ^2/df	NNFI	CFI	IFI	RMSEA
模型 1(完全中介) RSI→VCG→TIP	542.06	129		4.02	0.89	0.90	0.90	0..09
模型 2(部分中介) RSI→TIP RSI→VCG→TIP	645.18	125	131.12***	5.16	0.94	0.95	0.95	0.071
模型 3(直接作用) RSI→TIP	603.37	127	47.02	4.75	0.92	0.93	0.93	0.059

注：RSI 表示关系专用性投资；TIP 表示技术创新绩效；VCG 表示 VC 治理行为；→表示作用方向；N=264。

假设检验的总体结果如表 9-7 显示，本研究提出的 12 个假设中有 10 个在统计上显著（p < 0.05）获得了通过，从而在实践数据上证明了本书的理论模型和假设的有效性。

表 9-7 路径系数及假设验证结果

假设	假设路径	标准化路径系数	C.R.值	P值	检验结果
H1a	创新能力←实物型关系专用性投资	−0.493		0.037	支持
H1b	创新产出←实物型关系专用性投资	0.092		0.349	不支持
H1c	创新能力←知识型关系专用性投资	0.171		0.032	支持
H1d	创新产出←知识型关系专用性投资	0.384		0.000	支持
H2a	VC监控行为←实物型关系专用性投资	0.218		0.000	支持
H2b	VC增值服务←实物型关系专用性投资	−0.082		0.011	支持
H2c	VC监控行为←知识型关系专用性投资	−0.039		0.002	支持
H2d	VC增值服务←知识型关系专用性投资	0.203		0.000	支持
H3a	创新能力←VC监控行为	−0.571		0.011	支持
H3b	创新产出←VC监控行为	−0.257		0.027	支持
H3c	创新能力←VC增值服务	0.174		0.045	支持
H3d	创新产出←VC增值服务	−0.449		0.104	不支持

9.4 结果讨论与研究启示

本书基于问卷调查方式，以科技型小微企业为调查对象，立足资源基础理论和交易成本理论探索关系专用性投资对技术创新绩效影响的内在机制，尝试性地对风险投资领域内"VC 治理行为选择"进行解释和研究。实证结果揭示，关系专用性投资通过 VC 治理行为影响技术创新绩效，且关系专用性投资的不同属性影响着 VC 治理行为的不同选择，进而影响技术创新绩效。表 9-7 的内容是假设验证的结果，表明 12 个假设中有 10 个呈现统计显著（p < 0.05）获得实证数据的支持，证明关系专用性投资对科技型小微企业技术创新绩效有显著影响，同时数据显示 VC 治理行为作

为中介变量能实现部分中介效应。

9.4.1　结果讨论

1. 关系专用性投资对企业技术创新绩效的影响得到部分证实

假设1a、1c、1d均获得实证数据的支持，即实物型关系专用性投资对企业创新能力呈负向作用；知识型关系专用性投资对企业创新能力与创新产出均呈正向作用，假设1b未得到实证数据的支持。王国才等（2013）曾研究过不同类型关系专用性投资对中小型企业能力升级的影响。本书与其观点一致的是知识型、实物型两种不同类型的关系专用性投资对企业能力升级的效果不同。存在的区别是：王国才等（2013）实证研究发现实物型关系专用性投资可通过关系学习促进企业能力的提升，而本书认为在VC-E合作关系背景下，实物型关系专用性投资负向作用科技型小微企业技术创新能力。对此的解释是，风险投资家进行的实物型关系专用性投资作为长期合作关系承诺和自我约束的物质保障，在科技型小微企业不同发展阶段起着不同作用（Jap & Ganesan，2000）。科技型小微企业的初创期，出于共同利益目标的需要，风险投资家的实物型关系专用性投资倾向技术创新环节，帮助科技型小微企业家进行技术和生产流程的改进，降低技术创新风险和不确定性，此时实物型关系专用性投资对创新产出有促进作用。而在科技型小微企业成熟期，技术创新已由不确定转向确定，创新成果市场化效益逐渐显现，科技型小微企业家对风险投资家的技术依赖减弱，寻求资金替代者的概率增大，因此实物型关系专用性投资倾向企业经营环节。VC介入企业管理越深，越易引发科技型小微企业家的反抗意识，加之实物型关系专用性投资引发"套牢"的风险，迫使风险投资家不得不采用复杂的契约条款约束科技型小微企业家的行为，致使冲突概率增大，进而负向影响创新产出。

2. 关系专用性投资的不同资产属性对VC治理行为的影响获得实证数据支持

假设2a、2b说明实物型关系专用性投资能促使风险投资家倾向选择监控行为作为投资后的治理行为，不倾向选择增值服务。假设 2c、2d 说明知识型关系专用投资促使风险投资家倾向选择增值服务作为投资后的治理行为，对监控行为选择有压制作用。这个结果与德克和哈里的研究结论一致。

3. VC 治理行为选择对技术创新绩效的影响获得部分证实

假设 3a、3b、3c 均获得实证数据的支持。表明 VC 监控行为倾向提升企业的创新产出，对企业创新能力有一定的抑制作用。VC 增值服务对企业创新能力的提升作用非常显著。假设 3d 未获得实证数据的支持。出现这一结果的原因可能是：首先，科技型小微企业存在不同的发展阶段，VC 介入企业实施增值服务的时间节点不同，对技术创新产出的影响效应随之不同。依据罗森斯坦等（Rosenstein et al.，1993）的研究结论，企业初创期，VC 增值服务如战略规划、企业运营咨询等给企业带来的效用远远超过成熟期。因为相对企业成熟期，处于初创阶段的企业往往面临严重的逆向选择和道德风险，所以风险投资家增值服务的治理行为尽早介入企业可以减少风险，提高创新产出。其次，VC 增值服务的治理行为介入程度亦是影响技术创新产出的又一重要因素。麦克米伦等（Macmillan et al.，1989）曾指出，VC 增值服务介入程度主要分为放任介入、中等介入、紧密尾随介入等三类。依据企业的不同发展阶段，风险投资家增值服务的介入程度不同。企业发展初创期以紧密尾随介入为主，IPO 之前则以放任介入为主。在放任介入下，确定客户与分销渠道、处理危机和问题等增值服务与创新产出表现出显著正相关。在中等介入下，制订企业经营战略和选择管理团队候选人与创新产出表现出极度负相关。在深度介入下，寻找管理团队候选人与创新产出表现为负相关。因此风险投资家在投资后阶段提供增值服务的治理行为与创新产出之间存在某些调节变量影响它们之间的关系。

9.4.2　研究贡献

与以往相比，本研究立足风险投资"关系型融资"的价值创造问题，以 VC-E 关系专用性投资视角重新审视风险投资对技术创新绩效的影响，并分析 VC 治理行为在此的中介效应。立足交易成本理论、资源基础理论与社会交换理论的主要观点，本研究对 VC-E 关系专用性投资进行系统分析，提炼 VC-E 关系专用性投资、VC 治理行为与技术创新绩效关系的逻辑分析框架。同时对现有关系专用性投资研究文献进行梳理和归纳，将 VC-E 关系专用性投资按投资属性划分为实物型关系专用性投资和知识型关系专用性投资两个维度，分别考察其价值创造功能以及对技术创新绩效的影响效应。这在现有风险投资领域鲜有学者涉及。据此推演的结果对丰富和发展风险投资和技术创新关系的理论研究、分析方法具有一定的学术价值。其理论贡献主要表现在：

第一，推进交易成本理论与社会交换理论的发展。传统交易成本理论研究明显存在两点不足，一是过于强调利润最大化的主要手段是降低交易成本，忽略价值创造；二是即使意识到合作关系是影响企业经营绩效的重要因素，也仅仅关注事前行为，忽视事后行为。最典型的论点就是企业合作绩效的提升，需在事前设计合理的自我保护机制防范机会主义风险以降低交易成本（Lusch & Brown，1996；Stump & Heide，1996）。我们的研究表明，组织间合作绩效的提升主要源自关系价值创造功能的实现，而非交易成本的下降。作为典型"关系型融资"的代表——风险投资对科技型小微企业价值创造主要与关系型专用性投资价值实现机制有关，而正确的 VC 治理行为的选择是价值创造的关键因素。关系专用性投资对于技术创新的影响需要辨析不同的资产属性、区分不同的治理行为，才能清晰解释关系专用性投资持续转化为创新价值的机制与路径。从这个层面上来说，关系专用性投资不是单一的合作关系管理过程，而是相机型合作关系治理，只要我们顺应环境而治理，就能得到效果迥异的合作创新效应。

第二，拓展关系专用性投资问题的研究。将关系专用性投资—绩效模型与 VC-E 合作关系特定背景相结合，能够丰富和充实组织间关系专用性投资的理论成果。关系专用性投资并不是 VC-E 之间特有的问题。供应链中的关系专用性投资、战略联盟的关系专用性投资等均是组织之间关系专用性投资的具体表现。与其他组织间关系相比，VC-E 关系专用性投资具有一般性，又具有独特性。本书的模型既可作为其他组织间关系专用性投资—绩效问题的重要参考，又可与其他组织间关系专用性投资—绩效模型进行比照。

第三，深化风险投资与技术创新关系研究。本书将关系专用性投资、VC 治理行为等因素引入技术创新领域研究，构建关系专用性投资、VC 治理行为与技术创新绩效关系整合模型。这在以往研究中是没有的，最后得到的结果也非常有趣。本研究首次关注关系专用性投资对科技型小微企业技术创新绩效的作用机理，突破已有研究偏重讨论契约机制而造成双方对合作关系理解的局限。风险投资具有"关系型融资"的制度属性，与其他融资类型相比，更重视人际关系的力量，努力发展与科技型小微企业之间的良好合作关系。因契约机制以正式权利为核心，易引发科技型小微企业家强烈的对抗性意识和冲突，现实中风险投资尽量将契约机制应用到保护作用的最低限度，而将关系专用性投资作为金融资本的首要自我保护机制。本书模型将关系专用性投资纳入风险投资与技术创新关系的研究领域，能够使理论界和企业家更好地理解 VC-E 合作关系的价值创造功能。这样，风险投资家和科技型小微企业家才能更好地在契约治理和关系治理之间寻求最佳的合作路径。

9.4.3 管理启示

风险投资作为"关系型融资"的特例，说明 VC-E 合作关系的价值创造功能实现对科技型小微企业技术创新成败起着决定性作用。VC-E 之间关系专用性投资的不同属性产生不同的关系质量，引发不同的 VC 治理行为，进而导致技术创新绩效的差异。这就能理解现实中为什么出现有的 VC-E 出现共赢，有的却出现严重冲突甚至创新失败的实例。同时，本研究能够为风险投资机构和科技型小微企业提供一些指导和建议。

第一，关系专用性投资是VC-E"关系型融资"持久稳定的重要因素。在风险投资运作过程中，VC-E合作关系质量决定着技术创新成败和科技型小微企业的发展。合作关系作为VC-E之间物质、信息和能力交流的桥梁和载体，影响着技术创新效率。关系专用性投资作为合作意愿和承诺的表现，可使风险投资家与科技型小微企业家增强彼此之间的相互依赖强度。组织间的相互依赖代表着关系主体的内聚力水平。依赖度越强，表示内聚力越高，风险投资家与科技型小微企业家之间的价值取向与利益目标逐渐趋于一致，两者由于内聚力的推动易产生信任，进而增进主动协作行为，致力共同解决技术创新过程中的问题，以此提高技术创新效率。这恰是"关系型融资"的"关系租"产生的基本路径。因此，关系专用性投资不仅改善一方对另一方可能采取行动的预期，以集体理性代替个体理性，通过采取合作的策略性行为实现共同的利益，而且以自愿"锁定"合作关系的意愿全面提高知识共享、互补资源融合、高效治理机制这三种有利于创造"关系租"的要素的实际功效，进而对VC-E之间的"关系租"做出重要的提升作用。

第二，重视VC增值服务在技术创新环节的作用。风险投资家向科技型小微企业提供增值服务目的，在于帮助企业克服技术创新过程中的资源与能力约束，尽快提升技术创新效率。这在本书的研究中得到了证实。风险投资家通过其增值服务，向科技型小微企业家提供技术资源、管理咨询、后续融资等方式产生对技术创新的协同效应，与科技型小微企业共同解决问题、共同发展。因此，VC增值服务成为突破科技型小微企业技术创新瓶颈的重要利器。但是在现实领域，VC增值服务未能实现有效的价值创造功能。主要原因在于科技型小微企业家对风险投资家介入企业管理持有本能的意识反抗。科技型小微企业家本质是科技人员，不具备任何管理经验，未意识到科技成果产业化与企业长远发展的非一致性。一旦风险投资家的管理决策与创业家预期出现冲突，后者潜在的抗拒意识将以正式权力对抗的形式表现出来，以致影响技术创新进程。根据本书的研究结果，科技型小微企业家在选择风险投资家时，不仅需要考虑其资金的雄厚，还应考察其增值服务的能力。只有正确认知 VC 增值服务的作用，才能建立 VC-E 良好的合作关系，促使增值服务的价值创造功能得以持续实现。

第三，相比实物型关系专用性投资，知识型关系专用性投资更能有效化解机会主义行为风险。本书认为，科技型小微企业能够从关系专用性投资中获得溢出效应，吸收来自风险投资家在创新知识、市场营销、管理决策、技术资源、声誉等方面的优势，达到提升技术创新效率的目的。但是不同属性的关系专用性资产的价值创造功能实现路径具有显著差异。实物型关系专用性资产由于投入成本高，可开发的潜在价值小，又易引发"套牢"风险，即使短期内对科技型小微企业起到合作创新的物质保障作用，但是因投资者出于自我保护的需要，会在契约中提高风险投资家参与企业管理的约束条件与"控制权"，以致对技术创新产生"管理压制"的负面效应。而知识型关系专用性投资可在合作存续期不断进行，企业可通过知识型关系专用性投资增强学习能力，既可获取技术信息，又可了解市场营销动态以及竞争对手的活动态势，同时还可从风险投资家处学习先进管理经验、经营决策等隐性知识，从长期看，可增强企业的竞争优势和技术能力，这些均有利于技术创新效率的提升。简而言之，与实物型关系专用性投资相比，知识型关系专用性投资更利于 VC-E 之间合作创新，实现其价值创造功能。

9.5　本章小结

本章选择科技型小微企业为分析对象，考察关系专用性投资、VC 治理行为与技术创新之间的关系及影响机制，得到如下结论：第一，实物型关系专用性投资对企业创新能力呈负向作用；知识型关系专用性投资对企业创新能力与创新产出均呈正向作用；第二，实物型关系专用性投资能促使风险投资家倾向选择监控行为作为投资后的治理行为，不倾向选择增值服务；知识型关系专用投资促使风险投资家倾向选择增值服务作为投资后的治理行为，对监控行为选择有压制作用。第三，VC 监控行为倾向提升企业的创新产出，对企业创新能力有一定的抑制作用，VC 增值服务对企业创新能力的提升作用非常显著。最后，本章在此基础上，提出了相关建议与启示。

第10章

结论与政策建议

本书主要通过研究在网络视角下风险投资与科技型小微企业的稳定匹配机制和模式，促进风险投资市场的配置效率。具体通过我国风险投资市场中存在的对抗性问题的分析和市场匹配理论的探析，提出基于网络视角研究我国风险投资和科技型小微企业的稳定匹配实现机制，为风险投资与创新企业之间实现高效的合作提供理论依据。

10.1 研究结论

本研究采用市场匹配理论、合作博弈理论、社会网络理论构建风险投资与科技型小微企业的稳定匹配模型以分析两者的匹配机制，并在此基础上探讨两者之间内生性匹配机制如何影响 VC-E 匹配度，以提高科技型小微企业的存活率，从而实现风险投资市场资源配置效率的提升。本项目的研究结论如下：

1. 风险投资与科技型小微企业之间的交易过程是典型的双边匹配问题

借助网络中介，风险投资与科技型小微企业可实现双边稳定匹配。与其他市场不同，风险投资市场均衡的出现借助分散议价机制。风险投资家与科技型小微企业家进行选择的过程就是典型的双边匹配过程。双边匹配模型能够适用于风险投资项目的需求主体与供给主体之间的选择匹配问题，并通过双方对对方评价指标期望值与实际值的比较匹配，实现双方最大满意程度的匹配方法，进而化解信息不对称问题。即市场匹配理论的应用能够最大限度遵循市场规律，在维护不同主体利益的条件下，提高市场的配置效率，以建立稳定的投资人与融资人之间的双边匹配关系。风险投资与科技型小微企业间的融资匹配是典型的不交叉关系，匹配决策过程实质就是市场化过程。双方进行匹配的目的是为了实现双方各自利益最大化，与优化决策模型逻辑相符，具备构建最优匹配决策模型的基础。另外，风险投资和科技型小微企业之间可通过网络中介收集对方的信息和评价，具备相对完善的决策信息条件。由此可知，风险投资与科技型小微企业之间的融资匹配特征符合双边匹配理论的基本要求，适合采用双边匹配理论和决策方法进行研究分析。

2. 本研究得到基于网络视角的风险投资与科技型小微企业稳定匹配决策方法

首先，基于交易成本理论与社会交换理论，将风险投资与科技型小微企业之间的非序值评估指标分为客观性指标和主观性指标两类。匹配主体根据市场信息对交易对象按满意程度进行排序，而后进行匹配决策。其次，风险投资是一种高风险高收益的活动，交易双方对风险的态度对匹配决策结果具有直接影响。本书运用双参照点理论的研究成果不仅刻画风险投资的交易属性，而且描述风险投资的关系属性。交易属性决定风险投资项目的预期收益，而社会属性决定其合作关系是否稳定。最后，运用实例演算得到稳定匹配的结果，验证其稳定匹配模型的可行性。本书研究结论显示，风险投资与科技型小微企业的稳定匹配决策模型与方法在理论上科学、可行，在实例演算中有效，较好地模拟了风险投资市场中的资源配置过程，对提升风险投资市场的运作效率具有重要的理论与实践意义。

3. 基于企业内源融资能力视角得出科技型小微企业与风险投资匹配模式可分为单独风险投资匹配与联合风险投资匹配

当小微企业技术创新能力高，推行突变式技术创新项目，因创新过程涉及的不确定性因素众多，投资周期长以及风险系数高，选择风险投资这种外源融资渠道时其最佳的匹配模式是联合风险投资。若科技型小微企业技术创新能力较弱，从事的是渐进式技术创新项目，因其风险较低，不确定性因素较少，投资周期较短，此时科技型小微企业与风险投资的最佳匹配模式是单独风险投资。

4. VC-E 匹配度是一个多维构念，包括目标协同性、文化契合度、创新资源互补等三个子维度

本研究基于风险投资与科技型小微企业合作的情境的基本特征，探讨风险投资与科技型小微企业匹配性的内在维度结构，并结合相关文献，实地访谈反馈和专家意见研究设计了具体的测量量表。通过探索性因子分析提取 VC-E 匹配度的三因子结构模型，验证性因子分析进一步表明风险投资与科技型小微企业匹配度的三维度结构具有良好的信度和效度。即在我国风险投资与科技型小微企业合作的情境下，VC-E 匹配度出现一阶三因子的维度结构，即目标协同性、文化契合度与创新资源互补的三个子维度。创新资源互补是与任务相关的匹配标准，具有较强客观性的"交易属性"指标，文化契合度、目标协同性是与项目执行人相关，具有强烈主观因素的"社会属性"指标。这一多维概念维度结构的划分及其测量量表的设计为后续大样本实证研究奠定了良好的基础。

5. VC-E 匹配度在 Partnering 模式下匹配伙伴选择对技术创新绩效的影响中起着重要的中介作用

本书通过实证研究显示，VC-E 匹配度在 Partnering 模式下匹配伙伴的选择对技术创新绩效的影响中扮演重要的中介作用。这说明，在风险投资与科技型小微企业合作情境下，寻求更匹配的合作伙伴有利于促进双方匹配度提升，进而提高技术创新绩效。进一步深入分析，Partnering 模式下匹配伙伴选择的四个维度即信任程度、有效沟通、共赢态度、网络能力对技术创新绩效的影响机制存在显著差异。具体而言，VC-E 匹配度在信任程度与技术创新绩效之间起着完全中介作用，在有效沟通、共赢态度、网络能力与技术创新绩效之间起着不完全中介作用。这说明有效沟通、共赢态

度、网络能力对技术创新绩效的促进作用可通过两条路径产生：一部分有效沟通、共赢态度、网络能力可不通过 VC-E 匹配度对技术创新绩效产生促进作用；一部分有效沟通、共赢态度、网络能力需通过 VC-E 匹配度的中介传递机制来间接促进技术创新绩效的提升。

10. 2　政策建议

风险投资市场配置效率的提高离不开市场参与主体间的稳定匹配，研究风险投资市场交易主体之间的双边匹配行为有助于揭示分散议价机制。本书通过基于网络视角我国风险投资市场主体双边匹配的决策方法和匹配系统的设计研究，得出一些有重要参考价值的研究结论。基于这些研究成果，对于风险投资市场的稳定发展提出以下政策建议：

第一，营造稳定的风险投资市场环境

稳定的风险投资市场环境是风险投资业发展的重要条件，一个健全稳定的风险投资市场应包括：健全市场征信体系、完善中介配套、高质量人才。（1）积极推动风险投资市场征信体系的建设。市场经济是信用经济。风险投资市场提高配置效率的前提是风险投资与科技型小微企业之间形成稳定的匹配。而 VC-E 匹配度与双方信息不对称成负相关关系。发展风险投资市场就是要化解风险投资与科技型小微企业之间的信息不对称问题，即需要完善市场信用评估体系。征信体系的建设主要应从以下两个方面着手：一是通过成立专业征信公司，统一和提高征信服务的专业水准和技能；二是建设社会性的工商、税务、银行三位一体的企业信用评估机构。这样使科技型小微企业信用评估准确度提高，并加以充分利用，在改善科技型小微企业信用信息不健全的同时，约束企业的机会主义行为，降低信息不对称问题。拥有完善的信息和信用服务体系，将有利于风险投资家进行科学的投资决策，选择适当的科技型小微企业作为匹配伙伴，构建稳定的合作关系，从而提高技术创新绩效。（2）完善网络中介机构服务体系。

在风险投资市场中积极建立包括评估机构、咨询机构、技术产权交易中心、律师事务所等机构在内的网络中介服务体系，搭建网络信息技术平台，提供网络化、平台化的服务，为风险投资与科技型小微企业的匹配营造公平有序的市场环境，形成风险投资与科技型小微企业良性互动的纽带。（3）加强培养高质量的风险投资专业人才。稳定风险投资市场的发展离不开数量足够、素质优秀的人才，这才是风险投资市场发展的灵魂。政府应该做好以下几个方面的人才工作，以构建完善的人才支撑体系：一是创造各种条件吸引优秀人才从事风险投资业。二是加强培训和培养。积极与高校和研究机构合作，设立专项基金，以资助项目培训、人才租赁等各类方式提升人才专业素质。三是强化激励机制，建立科学的人才引进、考核、奖励机制，营造宽松的市场发展环境。

第二，政府搭建高效率中介平台，促使风险投资与科技型小微企业双方信任程度提高，进而提高技术创新绩效

在实践中，政府应通过搭建各类信息平台，帮助风险投资与小微企业建立相互信任的合作关系。在风险投资实践中，风险投资家与科技型小微企业接触较少，不愿与其建立密切的合作关系，其原因可能是缺乏足够的时间和精力，或者担心情感投入过多会阻碍以后企业发展不善执行更换管理层等惩罚措施的推行。一些小微企业家担心企业经营信息泄露而不愿与风险投资家进行深入沟通。根据本项目的研究结论，风险投资家与小微企业家若具有良好的匹配性，则可通过建立相互信任的合作关系提升技术创新绩效。一是建立有效沟通机制。风险投资家与小微企业家要提高彼此的信息沟通能力和共享能力，进行经常性、开放性的沟通。如可以通过正式或非正式的定期面谈，信息系统互联、共同培训等及时了解双方的最新动态，诚实地反映合作中出现的问题。二是风险投资家科学对待派驻企业的项目人员的情绪倾向，全面了解情况，防止以偏概全。三是风险投资家与小微企业家之间彼此遵守双方承诺，严格保守商业秘密，保障双方的投资收益，以透明化态度化解机会主义风险。

第三，风险投资机构应重视网络建设

风险投资机构通过网络建设可以提升自己的网络地位。（1）积极主动建设关系网络。关系网络作为一种无形资源，无法直接为风险投资机构创造收益，但是关系网络是获取稀缺资源的重要渠道，而这些稀缺资源决定着风险投资机构的核心竞争力。积极构建关系网络，有助于风险投资获得更多可支配的资源，可以提升行业的声誉，寻找和识别优质的科技型小微企业并与其建立"门当户对"式的合作关系。（2）重视网络合作的过程。与网络中的风险投资家合作是构建关系网络的主要方式。近年由于风险投资家采取联合投资策略的案例不断增多，行业经验薄弱的风险投资机构选择"跟投"方式以降低风险，这种合作极易产生"搭便车"行为。但从长期看，"搭便车"却不易与其他风险投资家建立良好的合作关系，只有在与其他风险投资家进行联合投资过程中积极投入时间和精力，尽可能为科技型小微企业提供增值服务，才有助于建立彼此之间的信任关系，从而提升在关系网络中的声誉和知名度。（3）善于共享投资信息。风险投资机构在构建自身关系网络过程中，要善于与其他风险投资家共享投资信息，尤其是与网络位置较高的风险投资机构共享，这样才有机会借助与之合作的机会提高自己在网络中的影响力，而后逐步进入网络中心位置，改变自身在网络中的弱势地位。

第四，完善有利风险投资的制度环境

良好的制度环境能够为风险投资的发展提供良好的外部条件，能够有效降低风险投资与科技型小微企业之间的博弈成本，化解信息不对称，提高双方匹配的稳定性。因此，政府相关部门应制定健全、配套的政策和法规，在协调风险投资与被投企业的关系、保护各方的合法权益、规范双方的行为等方面发挥积极作用。相关部门可以组建专门管理风险投资的部门或机构，健全管理制度，加强对风险投资业的监督力度，以间接管理为主，促进风险投资市场整体发展。同时，制定相关法规和健全对科技型小微企业的信用评价机制，进一步规范风险投资与小微企业的合作，促进其利益分享与风险共担。另外，可以通过制定风险投资和科技型小微企业发展的指导文件，构建信息披露的法律机制，保护风险投资和小微企业的有形资产和无形资产，对机会主义行为以及违法合作契约的行为进行严厉惩罚，提高政府监控作用，实现风险投资市场稳定发展。

第五，科技型小微企业应关注外源融资环境变化，动态调整企业融资能力，实现融资需求与融资能力的匹配

科技型小微企业寻求外源融资来化解自身融资约束问题过程中，其融资能力并不是静态的，它会受到外源融资环境的影响。只有当企业融资能力与所处外源融资环境相匹配，科技型小微企业才能寻求最佳的融资匹配方式，以促进技术创新。尤其在外源融资环境动态性较高的条件下，网络能力对融资能力的促进作用更明显。因此，科技型小微企业应不断根据外源融资环境的变化特点，动态调整自身融资能力，将资源配置到有利于提高网络能力的方向上，以持续提升与风险投资的稳定性合作。

第六，培育理性的投融资主体，建立相对成熟的市场化风险投资机制

科技型小微企业的发展已经由政府扶持演化到市场主导阶段。政府应当减少对科技型小微企业的直接干预，让市场化机制在资源配置中起决定性作用。让分散性议价机制在风险投资市场中推动科技型小微企业寻找恰当的风险投资进行匹配以此推动其技术创新，使其在良性竞争中发展壮大。同时政府的作用应重点放在为提升科技型小微企业的融资能力创造良好的制度环境。一是，充分发挥风险投资对科技型小微企业创新的激励作用，扩大风险投资规模，发挥投资对优化产业供给结构的关键性作用。政府可以通过税收减免、政府担保、信贷优惠、创造灵活的退出机制等方式支持风险投资的发展，增强风险投资市场活力。充分发挥政府引导基金的作用，为资助科技型小微企业的风险投资机构配资，以扩大对科技型小微企业的投资总量。通过风险投资市场化运作，使资金流向技术创新技能高，发展潜力大的科技型小微企业，实现优胜劣汰，从而优化科技型小微企业的资金需求结构。二是，提高风险投资机构自身的管理能力和服务质

量，促进风险投资与科技型小微企业的良性互动。对于风险投资机构而言，应当提升自身的增值服务水平和专业技能，并拓展社会网络资源，定期追踪科技型小微企业技术创新发展情况，及时帮助企业化解创新过程中遇到的技术问题与资金问题，构建高效的投资后管理体系。对于科技型小微企业而言，应当增加与风险投资机构的关系专用型投资，促进双方形成信任基础，进而产生稳定的合作关系。三是，不断深化市场化机制改革，为风险投资发展和科技型小微企业创新提供良好的外部环境。政府应当改变对企业补贴的方式，转向对企业技术创新行为进行补贴。强化知识产权的保护，纠正技术创新行为的外部性。建立与市场相融的激励机制，发挥市场的内生动力，促进科技型小微企业融资能力的提升。鼓励科技型小微企业之间的有序竞争，通过兼并与收购提高小微企业应对风险和整合资源的能力。深入推进利率市场化改革，促进金融机构调整原有的业务运作模式，降低科技型小微企业的融资成本，提高其融资规模，以此化解科技型小微企业融资约束问题。

参考文献

［1］曹国华，胡义. 风险投资家和创业者的双边匹配模型研究［J］. 科技进步与对策，2009（5）：28－31.

［2］陈冬宇. 基于社会认知理论的 P2P 网络放贷交易信任研究［J］. 南开管理评论，2014，17（3）：40－48.

［3］陈明亮，汪贵浦，邓生宇. 初始网络信任和持续网络信任形成与作用机制比较［J］. 科研管理，2008，29（5）：187－195.

［4］陈思，何文龙，张然. 风险投资与企业创新：影响和潜在机制［J］. 管理世界，2017（1）：158－169.

［5］陈希，樊治平. 基于公理设计的风险投资商与风险企业双边匹配［J］. 系统工程，2010，28（6）：9－16.

［6］陈晔，曹帅，卢波，李一芳. 考虑个性化指标的双边匹配决策方法［J］. 系统工程与电子技术，2016，38（9）：2109－2114.

［7］程丽军，王艳. 面向云端融合的任务—资源双边匹配决策模型［J］. 系统仿真学报，2018，11（30）：4348－4358.

［8］党兴华，贺利平，王雷. 基于典型相关的风险企业控制权结构与企业成长能力的实证研究［J］. 软科学，2008（4）：136－139.

［9］董静，汪立. 风险投资会影响创业企业战略选择吗？——文献评述与理论构架［J］. 外国经济与管理，2017（2）：36－46.

［10］段了了，孙伟增，郑思齐. 中国风险投资活动的城市与行业扩散机制［J］. 清华大学学报（自然科学版），2019（4）：1－8.

［11］樊相如，沈良峰．风险投资项目综合评价决策方法研究［J］．湖南科技大学学报（社会科学版），2004（2）：59－63．

［12］樊治平，乐琦．基于完全偏好序信息的严格双边匹配方法［J］．管理科学学报，2014，17（1）：21－34．

［13］方嘉雯，刘海猛．京津冀城市群创业风险投资的时空分布特征及影响机制［J］．地理科学进展，2017，36（1）：68－77．

［14］高建，汪剑飞，魏平．企业技术创新绩效指标：现状、问题和新概念模型［J］．科研管理2004（25）：14－22．

［15］侯建仁，李强，曾勇．风险投资、股权结构与创业绩效［J］．研究与发展管理，2009（4）：10－19．

［16］乐琦．考虑主体心理行为的双边匹配决策方法［J］．系统工程与电子技术，2013，35（1）：120－125．

［17］李铭洋，樊治平，乐琦．考虑稳定匹配条件的一对多双边匹配决策方法［J］．系统工程学报，2013，28（4）：454－463．

［18］李铭洋，樊治平．考虑双方主体心理行为的稳定双边匹配方法［J］．系统工程理论与实践，2014，34（10）：2591－2599．

［19］刘德学，樊治平，王欣荣．风险投资项目非系统风险的分析与评价［J］．系统工程理论方法应用，2002（3）：198－201＋206．

［20］刘金林．创业风险投资项目评价指标体系的构建研究［J］．会计之友，2011（22）：52－54．

［21］刘曼红，Levensohn P.，刘小兵．风险投资学［M］．北京：对外经济贸易大学出版社，2018：70－75．

［22］刘学鹏，刘亮，齐二石．基于双重参照点的电子中介买卖双边匹配决策方法研究［J］．运筹与管理，2017，26（3）：72－77．

［23］吕房艳，等．认知风格对大学生风险决策的影响——依赖于个人—社会参照点［J］．集美大学学报（教育科学版），2015，16（4）：25－32．

［24］罗吉，党兴华，王育晓．网络位置、网络能力与风险投资机构投资绩效：一个交互效应模型［J］．管理评论，2016，28（9）：83 – 97.

［25］罗骁，李为民，王璇子．基于双参照点的双边匹配决策方法［J］．控制与决策，2019，34（6）：1286 – 1292.

［26］阮拥英．基于双边匹配理论的创投机构与创业企业投融资匹配研究［D］．重庆大学，2016.

［27］万树平，李登峰．具有不同类型信息的风险投资商与投资企业多指标双边匹配决策方法［J］．中国管理科学，2014，22（2）：40 – 47.

［28］汪兰林，李登峰．具有异质信息的风险投资商与投资企业双边匹配方法研究［J］．数学的实践与认识，2018，4（7）：43 – 55.

［29］王国才，郑祎，王希凤．不同类型关系专用性投资对中小企业能力升级的影响研究［J］．科学学与科学技术管理，2013（5）：142 – 151.

［30］王林，罗国锋，康栗钊．风险投资机构与风险投资家评价体系的构建［J］．当代经济管理，2014，36（2）：31 – 35.

［31］王玮，陈蕊．互联网情境下的信任研究评介及展望［J］．外国经济与管理，2013，35（10）：52 – 61.

［32］王彦博，于瀚辰，沈体雁．可调整个体优先级的双边匹配算法［J］．计算机工程与应用，2018，54（11）：198 – 203，235.

［33］王茵田，黄张凯，陈梦．"不平等条约?"：我国对赌协议的风险因素分析［J］．金融研究，2017（8）：117 – 128.

［34］吴凤平，朱玮，程铁军．互联网金融背景下风险投资双边匹配选择问题研究［J］．科技进步与对策，2016（4）：25 – 30.

［35］仵志忠．信息不对称理论及其经济学意义［J］．经济学动态，1997（1）：66 – 69.

［36］武志伟，陈莹．关系专用性投资、关系质量与合作绩效［J］．预测，2008（5）：33 – 37.

［37］谢恩，李垣，吴海滨．组织合作中关系专用性投资最优水平分

析［J］. 运筹与管理，2004，10（5）：31－36.

［38］谢晓非，陆静怡. 风险决策中的双参照点效应［J］. 心理科学进展，2014，22（4）：571－579.

［39］修振海，王龙伟. 风险投资的项目评价指标体系研究［J］. 中原工学院学报，2002（1）：44－47.

［40］杨艳萍. 创业投资的风险分析与风险控制研究［D］. 武汉理工大学，2003.

［41］张笛，孙涛，闫超栋，陈晔，万良琪. 多种形式偏好信息下考虑主体心理行为的双边匹配方法［J］. 计算机集成制造系统，2018，24（12）：3136－3143.

［42］张格亮. 我国风险投资家对项目评价指标的选用研究［D］. 东北财经大学，2012.

［43］张珉，卓越. 风险投资中的分阶段投资：一个人力资本的视角［J］. 财经研究，2005，3（3）：17－26.

［44］张世磊. 中国创业投资公司绩效评价体系研究［D］. 财政部财政科学研究所，2013.

［45］张天舒，陈信元，黄俊. 政治关联、风险资本投资与企业绩效［J］. 南开管理评论，2015（5）：18－27.

［46］张维迎. 博弈论与信息经济学［M］. 上海：上海人民出版社，1996：403－408.

［47］张曦如，沈睿，路江涌. 风险投资研究：综述与展望［J］. 外国经济与管理：2019，4（4）：58－70.

［48］郑辉. 风险投资双重委托代理研究［D］. 复旦大学，2007.

［49］郑晓博，吴晓辉. 创业投资治理行为与新创企业绩效——一个中介模型及讨论［J］. 研究与发展管理，2012，2（24）：67－78.

［50］Aggarwal R，Kryscynski D，Singh H. Evaluating venture technical competence in venture capitalist investment decisions［J］. *Management Sci-*

ence, 2015, 61 (11): 2685 – 2706.

[51] Artz, KW, Brush, TH. Assetspecificity, uncertainty and relational norms: an examination of coordination costs in collaborative strategic alliances [J]. *Journal of Economics Behavior & Organization*, 2000, 41: 337 – 362.

[52] Avineri E. The effect of reference point on stochastic network equilibrium [J]. *Transportation Science*, 2006, 40 (4): 409 – 420.

[53] Azevedo E M. Imperfect competition in two-sided matching markets [J]. *Games & Economic Behavior*, 2014, 83 (1): 207 – 223.

[54] Berger A N, Udell G F. The economics of small business finance: the role of private equity and debt marketing the finance growth cycle [J]. *Journal of Banking and Finance*, 1998, 22: 613 – 673.

[55] Bernstein S, Giroud X, Townsend R. The impact of venture capital monitoring [J]. *Journal of Finance*, 2016, 71 (4): 1591 – 1622.

[56] Bottazzi L, M Da Rin, and T Hellmann. TheImportantance of Trust for investment : Evidence from Venture Capital [J]. *Review of Financial Studies*, 2016, 29: 2283 – 2318.

[57] Brander J A, Amit R. Antweiler W. Venture-capital syndication: Improved venture selection vs. the value-added hypothesis [J]. *Journal of Economics & Management Strategy*, 2002, 11 (3): 423 – 452.

[58] Brander, J, Q Du, and T Hellmann. The Effects of Government-Sponsored Venture Capital: International Evidence [J]. *Review of Finance*, 2015, 19 (2): 571 – 618.

[59] Bromiley P. A prospect theory model of resource allocation [J]. *Decision Analysis*, 2009, 6 (3): 124 – 138.

[60] Cechlarova K, Fleiner T, Manlove D F, et al. Stable matchings of teachers to schools [J]. *Theoretical Computer Science*, 2016, 653: 15 – 25.

[61] Conti A, Thursby M, Rothaermel F. Show me the right stuff: sig-

nals for high-tech startups ［J］. *Journalof Economics & Management Strategy*, 2013, 22 （2）: 341 – 364.

　［62］ Cumming D J, Macintosh J G. Venture Capital Investment Duration in Canadaand the United States ［J］. *Journal of Multinational Financial Management*, 2001, 11 （4）: 445 – 463.

　［63］ Da Rin, M, T Hellman, and M Puri. A Survey of Venture Capital Research. In: Constantinides, G. , M. Harris, andR. Stulz （eds） Handbook of the Economics of Finance, 2013.

　［64］ Dai N, Nahata R. Cultural differences and cross-border venture capital synication ［J］. *Journal of International Business Studies*, 2016, 47 （2）: 140 – 169.

　［65］ David Largea, Steven Muegge. Venture capitalists' non-financial value-added: an evaluation of the evidence and implications for research ［J］. *Venture Capital*, 2008, No. 1: 21 – 53.

　［66］ Durufle, G. T Hellmann, and K Wilson. From Start-up to Scale-up: Examining Pulic Policies for the Financing of High-Growth Ventures. In: Mayer, C, S Micossi, M Onado, M Pagano, and A Polo. （eds） Finance and Investment: The European Case, forthcoming, Oxford: Oxford University Press. 2018.

　［67］ Dyer, J H, Singh, H. The relational view: cooperative strategy and sources of inter-organizational competition advantage ［J］. *Academy of Management Review*, 1998, 23 （4）: 660 – 679.

　［68］ Elsas R. Empirical determinants of relationship lending ［J］. *Journal of Financial Intermediation*, 2005, 14 （1）: 32 – 57.

　［69］ Fox S, Dayan K. Framing and risky choice as influenced by comparison of one's achievements with others: The case of investment in the stock exchange. Journal of Business and Psychology, 2004, 18: 301 – 320.

［70］ Gale D, Shapley L. College Admissions and the Stability of Marriage ［J］. *American Mathematical Monthly*, 1962, 69 （1）: 9 – 15.

［71］ Gompers, P, A Kovner, J Lerner, and D Scharfstein. Performance Persistence in Entrepreneurship ［J］. *Journal of Financial of Fianancial Economics*, 2010, 96 （1）: 18 – 32.

［72］ Gompers, P and J Lerner, and D Scharfstein. Entrepreneurial Spawning: Public Corporations and the Genesis of New Ventures ［J］, *Journal of Finance*, 2005, 60: 577 – 614.

［73］ Gompers, P and J. Lerner. Money Chsing Deals? The Impact of Fund Inflows on Private Equity Valuation ［J］. *Journal of Financial Economics*, 2000, 55: 281 – 325.

［74］ Heide, J B, John, G. Alliances in industrial purchasing: the determinants of joint action in buyer-supplier relationships ［J］. *Journal of Marketing Research*, 1990, 27 （1）: 24 – 36.

［75］ Hellmann T, Wasserman N. The first deal: the division of founder equity in new ventures ［J］. *Management Science*, 2017, 63 （8）: 2647 – 2666.

［76］ Hellmann T and P Schure. AnEvalution of the Venture Capital Program in British Columbia. Report prepared for the BC Ministry of Small Business, Technology and Enocomic Development, 2010.

［77］ Hellmann T and V Thiele. Friends or Foes? The Interrelationship between Angel and Venture Capital Markets ［J］. *Journal of Financial Economics*, 2014, 115 （3）: 639 – 653.

［78］ Hellmann, T and E Perotti. The Circulation of Ideas IN Firms and Markets ［J］. *Management Science*, 2011, 57 （10）: 1813 – 1826.

［79］ Hoetker G, Mellewigt T. Choice and performance of governance mechanisms: Matching alliance governance to asset type ［J］. *Strategic Management Journal*, 2009, 30 （10）: 1025 – 1044.

［80］Huang L, Knight A P. Resources and relationships in entrepreneur-ship: an exchange theory of the development and effects of the entrepreneur-in-vestor relationship ［J］. *Academy of Management Review*, 2017, 42（1）: 80 – 102.

［81］Itai A, Yash K, Jacob D L. Unbalanced random matching markets: The stark effect of Competition ［J］. *Journal of Political Economy*, 2016, 125（1）: 69 – 98.

［82］Jap S D, Ganesan S. Control mechanisms and the relationship life cy-cle: Implications for safeguarding specific investments and developing commit-ment ［J］. *Journal of Marketing Research*, 2000, 37（2）: 227 – 245.

［83］Jap S D & Anderson, E. Safeguarding interorganizational performance and continuity under ex post opportunism ［J］. *Management Science*, 2003, 49（12）: 1684 – 1701.

［84］Kahneman D, Tversky A. Prospect theory: An analysis of decision under risk ［J］. *Econometrica: Journal of the Econometric Society*, 1979, 47: 263 – 292.

［85］Kahneman D, Tversky A. Choices, values, and frames ［J］. *A-merican Psychologist*, 1984, 39: 341 – 350.

［86］Kale, P L Singh, H, Perlmutter, H. Learning and protecting of proprietary assets in strategic alliances: building relational capital ［J］. *Strate-gic Management Journal*, 2000, 21（3）: 217 – 237.

［87］Lerner, J, A Schoar, S Sokolinski, and K Wilson. The Globaliza-tion of Angel Investments: Evidence across Countrise ［J］. *Journal of Financial Economics*, 2018, 127（1）: 1 – 20

［88］Lerner, J and A Schoar. (Eds.), International Differences in En-trepreneurship, National Bureau of Economic Research, Cambridge, MA, US.

［89］Lerner, J. Boulevard of Broken Dreams: Why Public Efforts To

Boost Entrepreneurship And Venture Capital Have Failed. Princeton University Press, Princeton, 2010.

[90] Lerner, J. The Government as Venture Capitalist: the Long-run Impact of the SBIR Program [J]. *Journal of Business*, 1999, 72: 285 –318.

[91] Linde J, Sonnemans J. Social comparison and risky choices [J]. *Journal of Risk and Uncertainty*, 2012, 44: 45 –72.

[92] Liu Y, Maula M. Local partnering in foreign ventures: uncertainty, experiential learning and syndication in cross-border venture capital investments [J]. *Academy of Management Journal*, 2016, 59 (4): 1407 –1429.

[93] Lu J, Xie X, Zhang R. Focusing on appraisals: How and why anger and fear influence driving risk perception [J]. *Journal of Safety Research*, 2013, 45: 65 –73.

[94] Lusch, R, J Brown. Interdependence, contracting and relational behavior in marketing channels [J]. *Journal of Marketing*, 1996, 60: 19 –38.

[95] Macmillan, I C , D M Kulow, R Khoylian. Venture capitalists' involvement in their investment extent and performance [J]. *Journal of Business Venturing*, 1989, 4 (1): 27 –47.

[96] Messick D M, Sentis K P. Estimating social and nonsocial utility functions from ordinal data [J]. *European Journal of Social Psychology*, 1985, 15: 389 –399.

[97] Pahnke E C, McDonald R, Wang D, et al. Exposed. Venture capital, competitor ties and entrepreneurial innovation [J]. *Academy of Management Journal*, 2015, 58 (5): 1334 –1360.

[98] Poppo, L & Zenger, T. Do formal contracts and relational governance function as susbstitutes or complements? [J]. *Strategic Management Journal*, 2002 (23): 707 –725.

[99] Puri M, Zarutskie R. On the life cycle dynamics of venture-capital

and non-venture capital financed firms ［J］. *The Journal of Finance*, 2012, 67 (6): 2247 – 2293.

［100］ Rajan, R G, Zingales, L. Fiancial dependence and growth ［J］. *American Economic Review*, 1998, 88 (3), 559 – 586.

［101］ Rosenstein, J, Bruno, A V, Bygrave, W D, Taylor, N T. The CEO, venture capitalists and the board in ［J］. *Journal of Business Venturing*, 1993, 8: 99 – 113.

［102］ Roth A E, E Peranson. The redesign of the matching market for American physicians ［J］. *American Economic Review*, 1999, 89 (4): 748 – 780.

［103］ Roth A E. Common and Conflicting Interests in Two-sided Matching Markets ［J］. *European Economic Review*, 1985, 27 (1): 75 – 96.

［104］ Roth A E. The Evolution of the Labor Market for Medical Interns and Residents: A Case Study in Game Theory ［J］. *Journal of Political Economy*, 1984, 92 (6): 991 – 1016.

［105］ Schilling, M A. Toward a general modular systems theory and its application toward inter-firm product modularity ［J］. *Academy of Management Review*, 2000, 25 (2): 312 – 334.

［106］ Shepherd, D, Zacharakis, A. The venture capitalist-entrepreneur relationship: control, trust and confidence in cooperative behavior ［J］. *Venture Capital: An International Journal of Entrepreneurial Finance*, 2001, 3 (2): 129 – 149.

［107］ Sorensen M. How Smart is Smart Money? A Two-sided Matching Model of Venture Capital ［J］. *Journal of Finance*, 2007, 62 (6): 2725 – 2762.

［108］ Sorenson O, Stuart T E. Bringing the context back in: settings and the search for syndicate partners in venture capital investment networks ［J］. *Administrative Science Quarterly*, 2008, 53 (2): 266 – 294.

［109］ Stuck, B, Weingarten, M, How venture capital thwarts innovation [J]. *IEEE*, 2005, 4 (42): 50 –55.

[110] Stump, R L, Heide, J B, Controlling supplier opportunism in industrial relationships [J]. *Journal of Marketing Research*, 1996, 33 (4): 431 –441.

[111] Thaler R H, Johnson E J. Gambling with the house money and trying to break even: The effects of prior outcomes on risky choice [J]. *Management Science*, 1990, 36: 643 –660.

[112] Timmons, J A, Bygrave, W D. Venture capital's role in financing innovation for economic growth [J]. *Journal of Business Venturing*, 1986, 1: 161 –176.

[113] Tversky A, Kahneman D. Advances in prospect theory: Cumulative representation of uncertainty [J]. *Journal of Risk and Uncertainty*, 1992, 5 (4): 297 –323.

[114] Tyebjee T T, Bruno A V. A model of Venture Capitalist Investment Activity [J]. *Management Science*, 1984, 30 (9): 1051 –1066.

[115] Wang, G C, Wang, X Y, Zheng, Y. An analysis of interpersonal relation-specific investment (RSI) in China [J]. *Industrial Marketing Management*, 2013, 1: 1 –12.

[116] Wang, Huang, Lee. Does relation-specific investment contribute to competence building? A supplier's perspective [J]. 台湾管理学刊, 2001, 1 (1): 55 –75.

[117] Williamson, O. Comparative economics organization: the analysis of discrete structural alternatives [J]. *Administrative Science Quarterly*, 1991, 36: 269 –296.

[118] Williamson, O. *The economics Institutions of Capitalism* [M]. New York: The Free Press, 1985.

[119] Zarutskie R. The role of top management team human capital in ven-

ture capital markets: Evidence from first-time funds [J]. *Journal of Business Venturing*, 2010, 25 (1): 266 – 294.

[120] Zenisky, A Sirect, S. Technological innovations in large-scale assessment [J]. *Applied Measurement in Education*, 2002, 15 (4): 337 – 362.

[121] Zhao, Y H, Wang, G C. The impact of relation-specific investment on channel relationship performance: evidence from china [J]. *Journal of Strategic Marketing*, 2011, 1 (19): 57 – 71.

[122] Zhelyazkov P I, Gulati R. After the break-up: the relational and reputational consequences of withdrawals from venture capital syndicates [J]. *Academy of Management Journal*, 2016, 59 (1): 277 – 301.

[123] Zhong-Zhong Jiang, Zhi-Ping Fan, Xiaohong Chen. Fuzzy multi-objective model and optimization for one-shot multi – attribute exchanges with indivisible demand [J]. *IEEE Trans*. On Fuzzy Systems, 2016, 24 (3): 708 – 723.

附 录

风险投资与科技型小微企业匹配关系调查问卷

问卷说明：

本问卷主要是针对风险投资与科技型小微企业匹配关系、技术创新绩效等问题进行调查。

填写调查问卷，对于科技型小微企业同时是一个自我了解、学习和提高的过程。能使您就如何通过与合作伙伴进行稳定性合作进行思考，进而对技术创新策略形成更为深入的认识。敬请回答下面的问题，在不能得到精确数据时，请尽量做到准确估计。您回答的真实性对我们研究的准确性十分重要。

我们郑重承诺：问卷收集的所有数据只作课题组分析研究之用，绝不向外泄露企业信息，更不会影响贵企业的业务发展。因此，希望您根据题目的要求，如实回答，请勿漏项。

如果您希望得到该课题的相关研究成果，请注明。

感谢贵企业的合作与支持！

负责人：

①王兰，重庆工商大学教授，硕导，重庆高校中青年骨干教师。

②邱科，重庆工商大学硕士生，电话：17784455584，邮箱：476512079@qq.com

地址：重庆南岸五公里学府大道 19 号重庆工商大学财政金融学院

邮编：400067

第一部分　企业概况

1. 您的姓名：_____职务：_____

2. 您的电话：_____传真：_____

3. 您的电子邮箱：_____

4. 单位名称：_____

5. 地址及邮编：_____

以下问题请在最符合的选项后打"√"，或填写最合适的答案。

6. 贵企业建立的时间：_____

7. 贵企业的职工人数：_____

8. 贵企业的产权性质：_____

9. 贵企业的年均收入：100 万元以下（　　　）100 万～500 万元（　　　）

500 万～1000 万元（　　　）1000 万元以上（　　　）

10. 贵企业所属的行业类别：电子与信息技术（　　　）新材料及新能源

（　　　）

生物和新医药技术（　　　）先进制造技术（　　　）IT 行业（　　　）

航空航天技术（　　　）医疗器械技术（　　　）环境保护技术（　　　）

海洋工程技术（　　　）核应用技术（　　　）现代农业技术（　　　）

其他在传统产业改造中应用的新工艺、新技术（　　　）

11. 贵企业属于何种发展阶段：

种子期（　　　）初创期（　　　）快速发展期（　　　）稳定期（　　　）

12. 贵企业融资的主要用途（　　　）（注：可多选）

产品研发（　　　）招募管理人才（　　　）购买生产设备（　　　）

新建厂房，购置办公设备（　　　）开拓市场，进行广告宣传（　　　）

大量招聘员工（　　　）生产技术改良与创新（　　　）

您对下列有关贵企业与风险投资家匹配关系的相关情况描述持何种态度，请用 1－7 来表明，其中 1 为极不满意，7 代表完全同意，2－6 表示程度的逐渐增强，请将同意的选项打"√"。

第一部分　匹配伙伴选择

对匹配伙伴共同投资合作的信任程度	1　2　3　4　5　6　7
对匹配伙伴的投资决定的信任程度	1　2　3　4　5　6　7
对匹配伙伴投资项目目标的理解程度	1　2　3　4　5　6　7
与匹配伙伴的沟通能力	1　2　3　4　5　6　7
有效的冲突化解机制的建立	1　2　3　4　5　6　7
共同商议解决问题的能力	1　2　3　4　5　6　7
有效的冲突化解的途径	1　2　3　4　5　6　7
匹配伙伴具有利益双赢的态度	1　2　3　4　5　6　7
对付出和回报对等关系的在意程度	1　2　3　4　5　6　7
与匹配伙伴共享创新资源的态度	1　2　3　4　5　6　7
对匹配伙伴利益成果的保护措施	1　2　3　4　5　6　7
匹配伙伴感知并搜寻外部知识能力	1　2　3　4　5　6　7
匹配伙伴快速评估知识能力	1　2　3　4　5　6　7
匹配伙伴外部知识转化能力	1　2　3　4　5　6　7
匹配伙伴外部知识更新能力	1　2　3　4　5　6　7

第二部分　VC-E 匹配度

风险投资与小微企业对投资目标达成共识，并有清晰界定

1　2　3　4　5　6　7

双方利益目标不存在冲突	1　2　3　4　5　6　7
双方利益目标可同时实现	1　2　3　4　5　6　7

风险投资与小微企业其中一方目标的实现有助于另一方目标的实现

1　2　3　4　5　6　7

双方对彼此利益目标相互支持	1　2　3　4　5　6　7
双方均看重过程公平	1　2　3　4　5　6　7
到目前双方彼此尚未发现对方自利行为	1　2　3　4　5　6　7
双方的认知能力覆盖范围相似	1　2　3　4　5　6　7

双方对创新项目风险态度一致   1 2 3 4 5 6 7

风险投资与小微企业具有相同的学习意愿   1 2 3 4 5 6 7

双方贡献的创新资源均是彼此需要且具有价值   1 2 3 4 5 6 7

双方借助彼此创新资源能实现优势互补   1 2 3 4 5 6 7

双方的创新资源在合作之后能实现更多的效应   1 2 3 4 5 6 7

双方的创新资源是决定着合作是否成功的关键因素 1 2 3 4 5 6 7

双方的创新资源有助于合作双方各自达成利益目标 1 2 3 4 5 6 7

第三部分　技术创新绩效

贵企业现有良好的技术创新空间   1 2 3 4 5 6 7

贵企业具有良好的技术创新氛围与平台   1 2 3 4 5 6 7

贵企业可为技术创新提供信息和知识共享平台   1 2 3 4 5 6 7

贵企业管理团队具有强烈的创新欲望和责任心   1 2 3 4 5 6 7

贵企业开发新产品的周期显著缩短   1 2 3 4 5 6 7

贵企业拥有的专利数量明显增加   1 2 3 4 5 6 7

贵企业现有的技术范围显著扩大   1 2 3 4 5 6 7

贵企业现有技术出现突发性变化   1 2 3 4 5 6 7

第四部分　组织网络特征

与联盟伙伴的互动很频繁   1 2 3 4 5 6 7

与联盟伙伴之间彼此信任对方   1 2 3 4 5 6 7

与联盟伙伴的合作中投入了大量资源   1 2 3 4 5 6 7

联盟关系持久   1 2 3 4 5 6 7

联盟关系能一直保持公平   1 2 3 4 5 6 7

联盟双方信息交流没有刻意隐瞒   1 2 3 4 5 6 7